中华人民共和国行业推荐性标准

公路工程施工信息模型应用标准

Standard for Application of Building Information Modeling in Highway Engineering Construction

JTG/T 2422—2021

主编单位：中国交通建设股份有限公司
　　　　　中交第二航务工程局有限公司
批准部门：中华人民共和国交通运输部
实施日期：2021 年 06 月 01 日

人民交通出版社股份有限公司
北　京

律师声明

本书所有文字、数据、图像、版式设计、插图等均受中华人民共和国宪法和著作权法保护。未经人民交通出版社股份有限公司同意，任何单位、组织、个人不得以任何方式对本作品进行全部或局部的复制、转载、出版或变相出版。

本书扉页前加印有人民交通出版社股份有限公司专用防伪纸。任何侵犯本书权益的行为，人民交通出版社股份有限公司将依法追究其法律责任。

有奖举报电话：（010）85285150

北京市星河律师事务所
2020 年 6 月 30 日

图书在版编目（CIP）数据

公路工程施工信息模型应用标准：JTG/T 2422—2021 / 中国交通建设股份有限公司，中交第二航务工程局有限公司主编. — 北京：人民交通出版社股份有限公司，2021.4

ISBN 978-7-114-17180-2

Ⅰ. ①公… Ⅱ. ①中… ②中… Ⅲ. ①道路工程—工程施工—工程模型—标准—中国 Ⅳ. ①U415.1-65

中国版本图书馆 CIP 数据核字（2021）第 052203 号

标准类型： 中华人民共和国行业推荐性标准
标准名称： 公路工程施工信息模型应用标准
标准编号： JTG/T 2422—2021
主编单位： 中国交通建设股份有限公司
　　　　　　中交第二航务工程局有限公司
责任编辑： 丁　遥
责任校对： 刘　芹
责任印制： 张　凯
出版发行： 人民交通出版社股份有限公司
地　　址：（100011）北京市朝阳区安定门外外馆斜街 3 号
网　　址： http://www.ccpcl.com.cn
销售电话：（010）59757973
总 经 销： 人民交通出版社股份有限公司发行部
经　　销： 各地新华书店
印　　刷： 北京市密东印刷有限公司
开　　本： 880×1230　1/16
印　　张： 9.25
字　　数： 210 千
版　　次： 2021 年 4 月　第 1 版
印　　次： 2021 年 4 月　第 1 次印刷
书　　号： ISBN 978-7-114-17180-2
定　　价： 70.00 元

（有印刷、装订质量问题的图书，由本公司负责调换）

中华人民共和国交通运输部
公 告

第 16 号

交通运输部关于发布
《公路工程施工信息模型应用标准》的公告

现发布《公路工程施工信息模型应用标准》(JTG/T 2422—2021),作为公路工程行业推荐性标准,自 2021 年 6 月 1 日起施行。

《公路工程施工信息模型应用标准》(JTG/T 2422—2021)的管理权和解释权归交通运输部,日常管理和解释工作由主编单位中国交通建设股份有限公司和中交第二航务工程局有限公司负责。

请各有关单位注意在实践中总结经验,及时将发现的问题和修改建议函告中交第二航务工程局有限公司(地址:湖北省武汉市东西湖区金银湖路 11 号,邮编:430040),以便修订时研用。

特此公告。

中华人民共和国交通运输部
2021 年 2 月 26 日

交通运输部办公厅　　　　　　　　　　　　　　　　　　2021 年 3 月 1 日印发

前　言

根据交通运输部《关于下达 2017 年度公路工程行业标准制修订项目计划的通知》（交公路函〔2017〕387 号）的要求，由中国交通建设股份有限公司和中交第二航务工程局有限公司承担《公路工程施工信息模型应用标准》（JTG/T 2422—2021）的制定工作。

针对我国公路工程施工阶段应用建筑信息模型（building information modeling，以下简称 BIM）技术的需求，编写单位在充分总结国内外相关 BIM 技术标准和研究成果的基础上，结合近年来我国公路行业工程实践经验，通过调研和分析论证，提出符合公路工程施工阶段应用 BIM 技术的要求，并广泛征求国内专家的意见，完成了本标准的制定工作。

本标准包括 6 章和 3 个附录，分别是：1 总则、2 术语、3 基本规定、4 模型要求、5 模型应用、6 交付，附录 A 公路工程信息模型精细度、附录 B 通用施工信息属性组、附录 C 临时工程模型精细度。

本标准由刘伯莹、翟世鸿负责起草第 1 章，刘伯莹、马军海、杨建红负责起草第 2 章，翟世鸿、陈富强负责起草第 3 章，陈富强、姬付全、王秀伟、王永威负责起草第 4、5 章，王欣南、刘向阳、李毅、张峰负责起草第 6 章，马军海、陈富强、姬付全、杨建红负责起草附录 A，姬付全、张峰、王永威负责起草附录 B，陈富强、王永威负责起草附录 C。

请各有关单位在执行过程中，将发现的问题和意见，函告本标准日常管理组，联系人：姬付全（地址：湖北省武汉市东西湖区金银湖路 11 号，中交第二航务工程局有限公司，邮编：430040；电话及传真：027-83920788；电子邮箱：jifuquan@ ccccltd. cn），以便修订时参考。

主 编 单 位：中国交通建设股份有限公司
　　　　　　 中交第二航务工程局有限公司
参 编 单 位：中交第一公路勘察设计研究院有限公司
　　　　　　 中交第二公路勘察设计研究院有限公司
　　　　　　 中交公路规划设计院有限公司
　　　　　　 山西路桥建设集团有限公司

主　　　　编：刘伯莹　翟世鸿
主要参编人员：马军海　陈富强　姬付全　王秀伟　刘向阳　王欣南
　　　　　　　李　毅　王永威　张　峰　杨建红

主　　　　审：刘元泉
参与审查人员：周海涛　盛黎明　王　晋　刘　松　魏　来　周　健
　　　　　　　李华良　季锦章　黄　琨　刘玉身

参　加　人　员：刘维佳　王　雪　李建强　李焜耀

目 次

1 总则 ·· 1
2 术语 ·· 2
3 基本规定 ·· 4
4 模型要求 ·· 6
5 模型应用 ·· 8
   5.1 一般规定 ·· 8
   5.2 施工准备 ·· 8
   5.3 施工组织管理 ··· 9
   5.4 施工安全管理 ··· 10
   5.5 施工质量管理 ··· 11
   5.6 施工进度管理 ··· 13
   5.7 施工成本管理 ··· 14
   5.8 计量支付管理 ··· 15
6 交付 ·· 16
附录 A 公路工程信息模型精细度 ·· 17
附录 B 通用施工信息属性组 ·· 131
附录 C 临时工程模型精细度 ·· 133
本标准用词用语说明 ··· 138

1 总则

1.0.1 为规范信息模型在公路工程施工阶段应用的技术要求，制定本标准。

1.0.2 本标准适用于各等级新建和改扩建公路工程施工。

1.0.3 信息模型在公路工程施工阶段的应用除应符合本标准的规定外，尚应符合国家和行业现行有关标准的规定。

2 术语

2.0.1 全生命期 life cycle
公路工程从设计、施工到运维等阶段的总称。

2.0.2 模型架构 model framework
信息模型中各层级对象的构成关系。

2.0.3 模型精细度 level of model definition
信息模型中所容纳信息的丰富程度，简称L。

条文说明

模型精细度即LOD，其有两种解释，Level of Development 和 Level of Definition。本标准采用 Level of Definition，简称L。

2.0.4 施工深化模型 BIM for shop drawing
在施工准备阶段继承、扩展、建立、管理和应用的信息模型，包含反映公路工程施工深化设计与施工组织设计意图的相关几何、非几何信息。

条文说明

施工深化模型的构件范围包括永久工程和临时工程，模型信息既包括构件的材质、几何属性等信息，也包括体现施工组织设计意图的施工深化信息，如施工段划分等。

2.0.5 施工过程模型 BIM for construction process
在施工过程阶段继承、扩展、建立、管理和应用的信息模型，包含施工深化模型信息和施工过程信息。

条文说明

施工过程模型是在施工深化模型的基础上，结合施工过程中各参与方对信息的需求而建立的，对于不同的管理者和使用者，呈现为不同的子模型，包括用于施工组织管理、施工安全管理、施工质量管理、施工进度管理、施工成本管理和计量支付管理等主要应用场景下的子模型。

2.0.6 交工验收模型　BIM for project delivery and acceptance

在交工验收阶段继承、扩展、建立、管理和应用的信息模型，包含施工过程模型的部分信息和工程交工验收信息。

条文说明

交工验收模型包含描述公路工程设计、施工相关信息，用于支撑工程验收业务的数字化成果应用，并作为数字资产服务于工程运维阶段的进一步应用。

3 基本规定

3.0.1 信息模型宜在项目施工全过程应用，也可根据工程实际情况只应用于施工阶段的某些环节或任务。

条文说明

本条对公路工程信息模型在施工阶段应用时所涵盖的时间阶段进行规定。根据我国公路工程行业的特点，《公路工程信息模型应用统一标准》（JTG/T 2420—2021）中将公路工程项目全生命期阶段划分为设计、施工、运维阶段，其中施工阶段涉及施工准备、施工过程、交工验收三个子阶段。

3.0.2 信息模型的应用目标与范围可根据项目特点，综合考虑各参与方的技术、管理现状等因素确定。

条文说明

本条对施工阶段信息模型的应用目标和范围进行规定。信息模型作为工程及设施物理与功能特性数字化表达的方式和手段，其应用效果和效益必要性与设计、施工、建设单位等应用主体的应用基础密切相关，其中技术、管理的标准化程度以及相关业务的信息化水平等都是信息模型发挥价值的重要基础。因此，在进行项目信息模型应用策划时，需要结合项目实际加以考虑。

3.0.3 信息模型宜在设计阶段交付成果的基础上，随施工过程逐步丰富，也可在施工阶段创建。

条文说明

本条对施工阶段的信息模型建立机制提出了原则性要求，即充分考虑利用模型的可共享特征，优先在继承的模型基础上扩展而成。一般而言，设计阶段交付成果中的信息模型仅包含工程"产品模型"层面的信息，该部分信息优先考虑继承上游模型。如果不能继承，则基于设计交付成果（包含二维设计图纸等）建立。

3.0.4 信息模型在施工阶段应用过程中，各参与方宜在协同环境下开展工作，共享信息。

条文说明

本条对施工阶段应用信息模型的总体应用目标做出规定，即通过信息模型辅助实现信息共享和工作协同。协同的基础是基于开放的信息模型数据协同环境。协同的方式包括模型协同、数据协同和文件协同。共享的数据指信息接收方需要的、由数据生产岗位创建的基础数据，包括但不限于构件信息、分析信息（如工程量）、过程信息（如进度信息）等。

3.0.5 信息模型在施工阶段应用时，应保障信息安全。

条文说明

信息模型中的数据信息是项目建设的资源，也是企业的数字资产，各相关方有义务按照相关信息安全管理规范，确保信息安全。信息共享和交换环节需利用技术手段有效避免数据被非法修改、增加、删除，避免信息被非法获取。

4 模型要求

4.0.1 施工阶段信息模型的应用宜符合下列规定：

1 在施工图设计阶段交付模型的基础上，通过继承、扩展和补充形成施工深化模型。

2 在施工深化模型基础上，通过补充相关信息形成施工过程模型。

3 在施工过程模型基础上，通过对信息进行必要的调整、补充形成交工验收模型。

条文说明

本条从信息模型的建立机制方面对模型要求进行规定。

1 施工深化模型主要指公路工程中包括钢结构、机电等专业在内的，在施工准备阶段进行设计与施工组织意图表达的模型。

2 施工过程模型是在施工过程阶段，由施工深化模型（或模型的一部分）及施工建造活动过程中需要或产生的相关数据集成而成，包含了更多的信息维度。对于不同应用点，以子模型的方式出现，包括施工组织信息模型、安全信息模型、质量信息模型、进度信息模型、成本信息模型等。

3 交工验收模型是交工验收阶段满足交工验收应用需求的模型，是在施工过程模型基础上，通过对模型信息进行增加、筛选或调整（细化、合并）后形成。

4.0.2 施工阶段信息模型的范围宜包括永久构筑物、临时构筑物、地形、地质等信息。

4.0.3 施工阶段信息模型的精细度，宜符合下列规定：

1 施工深化模型精细度不低于附录 A～附录 C 中 L3.5，满足施工准备阶段的场地布置、工艺模拟、方案优化、施工交底等应用需要。

2 施工过程模型精细度不低于附录 A～附录 C 中 L4.0，满足施工组织管理、施工安全管理、施工质量管理、施工进度管理、施工成本管理和计量支付管理等应用需要。

3 交工验收模型精细度不低于附录 A 中 L5.0，满足交工验收等应用需要。

条文说明

本条对信息模型的精细度进行规定。

1 施工深化模型的建立优先基于施工图设计阶段信息模型，包括工程实体结构信息、环境（地质等）、临时工程信息等。施工图设计模型满足指导施工，则可直接作为施工深化模型。信息模型在满足本条规定的前提下，参照《公路工程信息模型应用统一标准》（JTG/T 2420—2021）中的模型精细度有关规定，结合管理要求制定项目级交付要求用于指导信息交换。

2 施工过程模型包括施工图设计或施工深化阶段的工程设施产品信息（几何信息、非几何信息等），也包括该工程及设施建造过程中的相关基础信息，如时间维度的进度信息、质量验收信息等。产品信息来源于上游即施工深化模型，而过程模型需将产品信息与相关的过程信息进行有机组织，以满足施工过程中的信息管理与应用需求。

3 施工过程模型通过动态完善至交工验收阶段，即成为交工验收模型的基础，其中包括描述工程实际特征的几何信息、非几何信息，也包括施工过程中集成的质量验收等过程信息。

实践中，为避免信息浪费，保证信息利用效益，倡导信息节约原则，在满足应用需求及本条规定的前提下，提倡采用相对较低的模型精细度。

4.0.4 设计变更导致的信息模型修改，宜通过版本管理等手段保留变更记录。

5 模型应用

5.1 一般规定

5.1.1 施工阶段信息模型的主要应用场景宜包括施工准备、施工组织管理、施工安全管理、施工质量管理、施工进度管理、施工成本管理和计量支付管理等。

5.1.2 信息模型应用过程中的协同工作方式和工作流程应满足建设管理相关要求。

5.1.3 施工现场宜借助物联网等技术实现生产过程中数据的自动化采集。

5.2 施工准备

5.2.1 施工准备阶段的场地布置、工艺模拟、构件加工等工作宜基于信息模型开展。

条文说明

本条涉及的应用点均是在施工深化模型基础上，在施工准备阶段开展的几项主要工作，通过利用模型的可视化特征来开展。相关软件需能够借助公开数据格式等继承设计模型的几何表达信息，并且软件本身需具备可视化展示、模拟功能。

5.2.2 场地布置应用宜符合下列规定：
1 在施工图设计阶段交付成果的基础上，补充地理、地形、地质及临时构筑物等信息。
2 结合施工方案与总体进度安排，优化场地总体布置方案。
3 结合工艺模拟，优化施工方案。

条文说明

1 设计模型包含描述工程主体结构设计意图的主要信息，除此之外，场地布置还需考虑的信息包括地质信息、场区高程与周边环境等信息。场地布置应用时的模型创建，需要借助 GIS（地理信息系统）及三维地质等数据，通过多源数据集成来进行。
2 利用场地模型，结合可视化模拟与动态碰撞检查等手段，验证与优化场地布置。

场地模型中除地形、地质等环境外，还包括工程主体结构、临时构筑物等模型元素。

3 在制定一些较为复杂或施工风险较大的工艺方案时，基于已有的信息模型关联工艺逻辑，借助软件的冲突检测等功能，辅助验证工艺的可行性，识别工艺流程中的潜在风险。例如，通过复杂节点的施工工艺模拟，优化构件的尺寸、连接方式、空间要求以及施工顺序等。施工工艺模拟前，需根据工程实际完成初步的施工方案编制，明确工艺流程与相关技术要求，工艺模拟成果作为施工方案优化的依据。

5.2.3 工艺模拟应用应符合下列规定：
1 模拟空间碰撞时，模型的几何表达符合模型精细度等级 L3.5 要求。
2 通过施工工序模拟，保证交叉工序的时间逻辑关系合理。

5.2.4 混凝土预制构件、钢结构构件生产加工中的信息模型应用宜符合下列规定：
1 利用信息模型的几何信息，开展可视化辅助技术交底。
2 利用信息模型的属性信息，指导物料采购准备和生产计划安排。

条文说明

构件加工包含混凝土预制构件、钢结构构件及机电产品加工等，本标准仅对土建工程常见的混凝土预制构件和钢结构构件如何基于信息模型开展相关工作做出原则性规定。加工厂内基于信息模型开展的安全管理、质量管理、进度管理等主要应用可参照本标准相关条文执行。构件加工环节的应用点包括：

（1）基于构件几何信息，辅助进行构件加工工艺设计，如混凝土预制构件模板系统设计等。

（2）基于构件的进度需求信息，辅助进行生产排产工作。

（3）基于构件模型信息进行快速物资数量计算统计，指导物资采购与管理等工作。

（4）结合信息模型分类与编码体系，对构件的加工生产、成品物流与安装进行全过程追踪管理。

其中，在构件生产、成品管理等过程中，需要工厂级 MES（Manufacturing Execution System，即生产过程执行系统）等信息化手段，采集模型中有关加工构件的产品基本信息（如混凝土工程量、钢筋型号规格等），生产过程中的业务信息同时关联至信息模型中，传递至安装施工、运维管理等环节。

5.3 施工组织管理

5.3.1 施工组织中的工作分解、资源配置、施工技术交底等工作宜基于信息模型开展。

5.3.2 工作分解可基于信息模型，辅以知识库等数据资源进行，形成工作分解结构。

条文说明

本条中的"知识库"指积累在系统平台中同类项目的工作分解结构编制模板库、标准化工序库等。基于信息模型创建的工作分解结构（WBS），与模型架构实现关联映射。基于信息模型的工作分解能够提升编制效率，但仍需人工参与。

5.3.3 人工、材料、机械等资源可利用信息模型中的构件信息、工程量信息等，结合总体进度要求、工效等数据资源，借助专业工具软件进行自动配置。

条文说明

本条对基于信息模型开展正向施工组织设计进行了原则性规定。条文中的"工效"等数据资源需要企业长期积累，在标准化的基础上形成知识库后，基于信息模型方法进行管理和应用，最终实现施工组织环节的知识自动化。基于信息模型完成资源配置后，施工所需的资源分解结构等数据信息，也与工作分解结构、模型架构等实现了多维度关联，这是施工过程中模型集成过程数据的主要方式。

5.3.4 施工技术交底宜利用信息模型，提取施工范围、工程量、进度要求等信息，形成交底资料。

5.3.5 信息模型在施工组织管理各应用环节中的信息共享，宜满足表5.3.5的要求。

表5.3.5 施工组织管理的信息模型应用

模型应用	模型和信息		
	信息模型	输入	输出
工作分解	施工过程模型	·项目的单位、分部、分项工程和工序信息等	·工作分解结构
资源配置		·工作分解结构 ·总体进度计划 ·人工、材料、机械等资源数据	·人工、材料、机械等资源配置计划数据
施工技术交底		·交底方案 ·技术规范信息等	·交底相关的图文影像资料

5.4 施工安全管理

5.4.1 安全管理中的危险源辨识、安全技术交底、过程监控等工作可利用信息模型开展。

条文说明

本条规定了施工安全管理中信息模型的应用点，包含但不限于条文中所列。

5.4.2 危险源辨识可基于施工深化模型，依据相应安全技术标准，集成相关危险源库等数据，进行危险源辨识和风险评价。

条文说明

危险源库是行业、地方或企业的知识自动化成果，按照下列方式进行关联：
（1）将危险源库等知识库成果进行结构化，并进行分类与编码。
（2）将标准化、结构化的知识库成果与标准化工序等进行映射与关联。
（3）根据信息模型元素中的分部分项、工序等信息，将危险源信息与模型元素进行关联。

5.4.3 安全技术交底宜利用模型可视化特征，提升交底效率和质量。

5.4.4 过程监控可利用信息模型集成、管理过程信息，为安全预警提供基础数据。

5.4.5 信息模型在施工安全管理各应用环节中的信息共享，宜满足表5.4.5的要求。

表 5.4.5 施工安全管理的信息模型应用

模型应用	模型和信息		
	信息模型	输入	输出
危险源辨识	施工过程模型	·安全技术标准的相关规定 ·项目相关方的危险源知识信息等	·危险源信息 ·安全技术措施计划
安全技术交底		·安全技术措施计划 ·安全技术交底记录信息等	·安全技术交底资料
过程监控		·安全监测数据、视频信息等 ·问题巡查与整改信息 ·事故调查与处理信息等	·安全分析与预警等信息 ·安全评估报告等

5.5 施工质量管理

5.5.1 质量管理中的质量计划、质量验收、质量控制等工作宜基于信息模型开展。

5.5.2 质量计划可基于施工深化模型及施工组织应用成果，参照质量验收规程等技术标准进行创建。

条文说明

根据工程特点和进度计划，按照现行《公路工程质量检验评定标准 第一册 土建工程》（JTG F80/1）、《公路工程质量检验评定标准 第二册 机电工程》（JTG 2182）等相关技术标准的要求，进行验收检查点与模型的关联。在确定质量计划时，根据模型进度计划信息与对应的质量验收标准，生成验收计划并同步关联相应的质量验收信息至模型。

5.5.3 质量验收可按照质量计划，集成实际质检信息，动态完善模型，实现质量验收指导。

条文说明

质量验收信息主要包含质量控制资料（如原材料合格证及进场检验试验报告等），各分项工程的试验记录、观感质量检查记录、质量验收记录等功能检验资料，检验批质量验收记录等。以上信息优先利用信息化手段直接获取结构化数据或相关电子文件。

5.5.4 质量控制宜将质量问题处理信息集成至信息模型，实现基于模型的信息追溯与质量问题分析。

条文说明

将质量问题的发起、处理与闭合过程信息集成至模型，与模型构件关联。质量问题分析时，将质量信息和问题按照构件部位、时间、施工主体等维度进行分类汇总和展示，为质量控制提供数据支持。

5.5.5 信息模型在施工质量管理各应用环节中的信息共享，宜满足表5.5.5的要求。

表5.5.5 施工质量管理的信息模型应用

模型应用	模型和信息		
	信息模型	输入	输出
质量计划	施工过程模型	·进度计划 ·质量验收技术标准的相关规定信息等	·质量计划
质量验收		·质量计划 ·质量检验信息（质量控制资料、功能检验资料、质量检查与验收记录）等	·质量验收信息
质量控制		·质量问题与处理信息等	·质量分析信息

5.6 施工进度管理

5.6.1 进度管理中的进度计划、进度分析与进度控制等工作宜利用信息模型开展。

5.6.2 进度计划宜基于施工组织阶段的信息模型开展模拟、审查等工作。

条文说明

　　基于信息模型中的工程量、资源等基础数据，利用专业进度管理软件编制进度计划。专业软件与信息模型管理平台之间基于统一的数据格式进行基础数据交换。进度计划的模拟或审查，通过信息模型可视化模拟分析实现。

5.6.3 进度分析宜基于信息模型开展实际进度和进度计划跟踪对比、进度预警等工作。

条文说明

　　施工过程中，动态采集实际进度信息并补充、更新至进度信息模型。实际进度信息来自手工填报或相关业务信息系统。通过数据可视化等手段呈现进度对比分析结果，根据预设指标与阈值进行预警。

5.6.4 进度控制可按照进度分析结果，调整进度计划和进度控制措施。

条文说明

　　根据进度对比分析结果，发生进度预警或目标工期变化等情况时，需结合资源、工期等约束条件，基于进度信息模型中的基础数据，利用专业软件进行动态优化，重新调配现场资源，调整现场进度，使后续任务在计划时间内完成。
　　基于信息模型进行进度计划调整与优化，按照下列工作步骤进行：
　　（1）根据企业定额和经验数据，结合管理人员在同类工程中的工期与进度方面的工程管理经验，确定工作持续时间。
　　（2）根据工程量、用工数量及持续时间等信息，检查进度计划是否满足约束条件，是否达到最优。
　　（3）若改动后的进度计划与原进度计划的总工期、节点工期冲突，则需与工程师共同协商。优化过程中需充分考虑施工逻辑关系，各施工工序所需的人工、材料、机械，以及当地自然条件等因素。重新调整优化进度计划，将优化的进度计划信息附加或关联至模型。
　　（4）根据优化后的进度计划，完善人工计划、材料计划和机械设备计划。

(5) 当施工资源投入不满足要求时,需对进度计划进行优化,并更新进度信息模型。

5.6.5 信息模型在施工进度管理各应用环节中的信息共享,宜满足表 5.6.5 的要求。

表 5.6.5 施工进度管理的信息模型应用

模型应用	模型和信息		
	信息模型	输入	输出
进度计划	施工过程模型	·目标工期、工作分解结构、任务节点时间信息 ·人工、材料、机械等资源信息	·进度计划 ·计划工期、资源组织可视化模拟成果
进度分析		·进度计划 ·实际进度 ·工序、工效信息等	·进度分析报告 ·进度预警信息
进度控制		·进度计划 ·实际进度	·可视化形象进度 ·进度控制措施和进度计划调整方案等成果

5.7 施工成本管理

5.7.1 成本管理中的成本计划、成本分析等工作宜应用信息模型开展。

条文说明

基于信息模型进行成本管理时的主要工作内容包括:
(1) 基于信息模型进行算量,套用清单模板辅助生成工程量清单,并同步实现模型架构与清单结构的映射与关联。
(2) 进行工作分解,形成工作分解结构(WBS),或直接从进度信息模型继承工作分解结构与模型架构的关联关系,进而形成 WBS 与工程量清单之间的关联关系。
(3) 套用定额、合同预算等单价信息,形成 5D 信息模型(三维模型+时间信息+成本信息)。
(4) 采集实际成本信息,关联形成成本信息模型。

5.7.2 成本计划可基于施工组织阶段信息模型,依据工程量清单计价相关规范、消耗量定额等信息进行制定,计算预算与目标成本。

5.7.3 成本分析宜基于成本计划阶段信息模型,集成实际进度、成本信息,进行动态对比,指导制定纠偏措施。

5.7.4 信息模型在施工成本管理各应用环节中的信息共享,宜满足表 5.7.4 的要求。

表 5.7.4 施工成本管理的信息模型应用

模型应用	模型和信息		
	信息模型	输入	输出
成本计划	施工过程模型	·进度计划 ·清单工程量 ·消耗量定额信息等	·成本计划
成本分析		·实际进度 ·实际成本 ·合同信息等	·成本分析数据

5.8 计量支付管理

5.8.1 计量支付管理中的计量支付计划、计量支付宜利用信息模型开展。

条文说明

计量支付管理相对于安全管理、质量管理、进度管理、成本管理等应用场景有更复杂的参与方协同要求，对基础数据的需求更加多元，其中工程量、进度、质量验收等信息需要从相关场景的信息模型中共享以集约使用数据资源，实现动态协同与数据同源。

5.8.2 计量支付计划宜按照项目相关方的管理需求，将合同单价等信息附加或关联至信息模型，结合信息模型中的工程量、进度计划、分部分项、合同等信息制定。

5.8.3 计量支付可按照计量支付计划，将实际工程量、进度、质量检验、合同等信息附加或关联至信息模型，辅助生成工程计量支付资料成果。

5.8.4 信息模型在计量支付管理各应用环节中的信息共享，宜满足表 5.8.4 的要求。

表 5.8.4 计量支付管理的信息模型应用

模型应用	模型和信息		
	信息模型	输入	输出
计量支付计划	施工过程模型	·合同单价 ·工程量、合同、进度计划信息等	·计量支付计划
计量支付		·计量支付计划 ·实际工程量、进度、质量检验信息 ·计量支付记录信息等	·计量支付信息

6 交付

6.0.1 交工验收阶段的交付成果应包括下列内容：
1 描述工程设计信息的模型、数据与文件，包括信息创建者、创建环境等内容；
2 施工过程集成的有关质量等信息的数据、文件；
3 其他文件。

条文说明

信息模型交付的方式包含模型交付、数据（含数据服务）交付、文件交付。除以信息模型交付的内容外，数字交付成果还包括图纸、过程记录、报表等内容，需符合现行《公路工程竣（交）工验收办法实施细则》（交公路发〔2010〕65号）的有关规定。

6.0.2 交付成果的格式应满足信息共享和互用需求，宜满足现行《公路工程信息模型应用统一标准》（JTG/T 2420）相关数据存储规定，也可采用约定格式进行交付。

6.0.3 交工验收模型精细度宜不低于附录A中的L5.0。

附录 A 公路工程信息模型精细度

表 A-1 路基路面模型精细度

单位、分部、分项工程	模型构件	模型信息	L3.5	L4.0	L5.0	备注
路基土石方工程						
土方路基、填石路基	路基结构层	设计信息	▲			继承 L3.0 模型的设计信息
		进度信息		▲		详见附录 B 通用施工信息属性组
		安全信息				详见附录 B 通用施工信息属性组
		成本信息				详见附录 B 通用施工信息属性组
		压实度	△	▲		
		弯沉	△	▲		
		纵断高程	○	△	▲	
		中线偏位	○	△	▲	
		宽度	△	▲	▲	
		平整度	○	△	▲	
		横坡	○	△	▲	
		边坡坡度	○	△	▲	
		边坡平顺度		▲	▲	
软土地基处置	砂垫层	设计信息	▲			继承 L3.0 模型的设计信息
		进度信息				详见附录 B 通用施工信息属性组
		安全信息				详见附录 B 通用施工信息属性组

续表 A-1

单位、分部、分项工程		模型构件	模型信息	L3.5	L4.0	L5.0	备 注
路基工程	路基土石方工程	软土地基处置	砂垫层	成本信息	△	▲	▲	详见附录 B 通用施工信息属性组
				厚度	△	▲	▲	
				宽度	○	△	▲	
				反滤层设置	○	△	▲	
				压实度	▲	▲	▲	继承 L3.0 模型的设计信息
				设计信息	▲	▲	▲	继承 L3.0 模型的设计信息
				进度信息	△	▲	▲	详见附录 B 通用施工信息属性组
				安全信息	△	▲	▲	详见附录 B 通用施工信息属性组
			袋装砂井、塑料排水板	成本信息	△	▲	▲	详见附录 B 通用施工信息属性组
				井（板）距	△	▲	▲	
				井（板）长	△	▲	▲	
				井径	○	△	▲	
				灌砂率	▲	▲	▲	继承 L3.0 模型的设计信息
				设计信息	△	▲	▲	详见附录 B 通用施工信息属性组
				进度信息	△	△	▲	详见附录 B 通用施工信息属性组
				安全信息	△	▲	▲	详见附录 B 通用施工信息属性组
			粒料桩	成本信息	△	▲	▲	详见附录 B 通用施工信息属性组
				桩距	△	▲	▲	
				桩径	△	▲	▲	
				桩长	△	△	▲	
				粒料灌入率	○	△	▲	
				地基承载力	○	△	▲	

续表 A-1

单位、分部、分项工程			模型构件	模型信息	L3.5	L4.0	L5.0	备 注
路基工程	路基土石方工程	软土地基处置	加固土桩	设计信息	▲	▲		继承 L3.0 模型的设计信息
				进度信息		▲		详见附录 B 通用施工信息属性组
				安全信息		▲	▲	详见附录 B 通用施工信息属性组
				成本信息		▲	▲	详见附录 B 通用施工信息属性组
				桩距	△	▲	▲	
				桩径	△	▲	▲	
				桩长	△	▲	▲	
				单桩每延米喷粉（浆）量	○	△	▲	
				强度	○	△	▲	
				地基承载力	○	△	▲	
			水泥粉煤灰碎石桩	设计信息	▲	▲		继承 L3.0 模型的设计信息
				进度信息		▲	▲	详见附录 B 通用施工信息属性组
				安全信息		▲	▲	详见附录 B 通用施工信息属性组
				成本信息		△	▲	详见附录 B 通用施工信息属性组
			刚性桩	桩距	△	▲	▲	
				桩径	△	▲	▲	
				桩长	○	△	▲	
				强度	○	△	▲	
				复合地基承载力	▲	▲		
				设计信息		▲	▲	继承 L3.0 模型的设计信息
				进度信息		▲	▲	详见附录 B 通用施工信息属性组
				安全信息		▲	▲	详见附录 B 通用施工信息属性组
				成本信息		▲	▲	详见附录 B 通用施工信息属性组

续表 A-1

单位、分部、分项工程			模型构件	模型信息	L3.5	L4.0	L5.0	备注
路基工程	路基土石方工程	软土地基处置	刚性桩	混凝土强度	○	△	▲	
				桩距	△	▲	▲	
				桩径	△	▲	▲	
				桩长	△	▲	▲	
				单桩承载力	○	△	▲	
		土工合成材料处置	加筋工程土工合成材料处置层	设计信息	▲	▲		继承 L3.0 模型的设计信息
				进度信息		▲	▲	详见附录 B 通用施工信息属性组
				安全信息		▲	▲	详见附录 B 通用施工信息属性组
				成本信息		▲	▲	详见附录 B 通用施工信息属性组
				下承层平整度、拱度	○	△	▲	
				搭接缝宽度	△	▲	▲	
				搭接缝错开距离	○	△	▲	
				锚固长度	○	△	▲	
			隔离工程土工合成材料处置层	设计信息	▲	▲		继承 L3.0 模型的设计信息
				进度信息		▲	▲	详见附录 B 通用施工信息属性组
				安全信息		▲	▲	详见附录 B 通用施工信息属性组
				成本信息		▲	▲	详见附录 B 通用施工信息属性组
				下承层平整度、拱度	○	△	▲	
				搭接宽度	△	▲	▲	
				搭接缝错开距离	○	△	▲	
				搭接处透水点	○	△	▲	
			过滤排水工程土工合成材料处置层	设计信息	▲	▲		继承 L3.0 模型的设计信息
				进度信息		▲	▲	详见附录 B 通用施工信息属性组

续表 A-1

单位、分部、分项工程			模型构件	模型信息	L3.5	L4.0	L5.0	备注
路基工程	路基土石方工程	土工合成材料处置	过滤排水工程土工合成材料处置层	安全信息				详见附录B通用施工信息属性组
				成本信息				详见附录B通用施工信息属性组
				下承层平整度、拱度	○	△	▲	
				搭接宽度	○	△	▲	
				搭接缝错开距离	○	△	▲	
			防裂工程土工合成材料处置层	设计信息	▲	▲	▲	继承L3.0模型的设计信息
				进度信息				详见附录B通用施工信息属性组
				安全信息				详见附录B通用施工信息属性组
				成本信息				详见附录B通用施工信息属性组
				下承层平整度、拱度	○	△	▲	
				搭接宽度	○	△	▲	
				黏结力	○	△	▲	
	排水工程	管节预制	管节	设计信息	▲	▲	▲	继承L3.0模型的设计信息
				进度信息				详见附录B通用施工信息属性组
				安全信息				详见附录B通用施工信息属性组
				成本信息				详见附录B通用施工信息属性组
				混凝土强度	△	▲	▲	
				内径	△	▲	▲	
				壁厚	△	▲	▲	
				顺直度	○	△	▲	
				长度	○	△	▲	

续表 A-1

单位、分部、分项工程	模型构件	模型信息	I3.5	I4.0	I5.0	备 注
路基工程 排水工程	混凝土排水管施工 混凝土排水管	设计信息	▲	▲	▲	继承 I3.0 模型的设计信息
		进度信息		▲	▲	详见附录 B 通用施工信息属性组
		安全信息			▲	详见附录 B 通用施工信息属性组
		成本信息			▲	详见附录 B 通用施工信息属性组
		混凝土抗压强度或砂浆强度	△	▲	▲	
		管轴线偏位	○	△	▲	
		流水面高程	○	△	▲	
		基础厚度	△	△	▲	
		管座肩宽	○	△	▲	
		管座肩高	○	△	▲	
		抹带宽度	○	△	▲	
		抹带厚度	○	△	▲	
	检查（雨水）井砌筑 检查井、雨水井	设计信息	▲	▲	▲	继承 I3.0 模型的设计信息
		进度信息		▲	▲	详见附录 B 通用施工信息属性组
		安全信息			▲	详见附录 B 通用施工信息属性组
		成本信息			▲	详见附录 B 通用施工信息属性组
		砂浆强度	△	△	▲	
		中心点位	△	△	▲	
		圆井直径或方井长、宽	○	△	▲	
		壁厚	○	△	▲	
		井底高程	○	△	▲	
		井盖与相邻路面面高差	○	△	▲	

续表 A-1

单位、分部、分项工程	模型构件	模型信息	L3.5	L4.0	L5.0	备注
路基工程	排水工程	土沟	设计信息	▲	▲	▲	继承 L3.0 模型的设计信息
			进度信息			▲	详见附录 B 通用施工信息属性组
			安全信息			▲	详见附录 B 通用施工信息属性组
			成本信息			▲	详见附录 B 通用施工信息属性组
			沟底高程	○	△	▲	
			断面尺寸	△	▲	▲	
			边坡坡度	○	△	▲	
			边棱直顺度	○	△	▲	
		浆砌水沟	设计信息	▲	▲	▲	继承 L3.0 模型的设计信息
			进度信息			▲	详见附录 B 通用施工信息属性组
			安全信息			▲	详见附录 B 通用施工信息属性组
			成本信息			▲	详见附录 B 通用施工信息属性组
			砂浆强度	△	▲	▲	
			轴线偏位	○	△	▲	
			沟底高程	○	△	▲	
			墙面直顺度	○	△	▲	
			坡度	○	△	▲	
			断面尺寸	○	△	▲	
			铺砌厚度	○	△	▲	
			基础垫层宽度、厚度	○	△	▲	
		盲沟	设计信息	▲	▲	▲	继承 L3.0 模型的设计信息
			进度信息			▲	详见附录 B 通用施工信息属性组
			安全信息			▲	详见附录 B 通用施工信息属性组
			成本信息			▲	详见附录 B 通用施工信息属性组
			沟底高程	○	△	▲	
			断面尺寸	△	▲	▲	

续表 A-1

单位、分部、分项工程		模型构件	模型信息	L3.5	L4.0	L5.0	备注
路基工程	排水工程	跌水井、集水井、渗井、排水泵站沉井	跌水井、集水井、渗井、排水泵站沉井	设计信息	▲			继承 L3.0 模型的设计信息
				进度信息		▲		详见附录 B 通用施工信息属性组
				安全信息		△	▲	详见附录 B 通用施工信息属性组
				成本信息		△	▲	详见附录 B 通用施工信息属性组
				混凝土强度	△	▲	▲	
				轴线平面偏位	○	△	▲	
				竖直度	○	△	▲	
				几何尺寸	○	△	▲	
				壁厚	○	△	▲	
				井口高程	▲	▲	▲	
		急流槽、水簸箕	急流槽、水簸箕	设计信息	▲			继承 L3.0 模型的设计信息
				进度信息		▲		详见附录 B 通用施工信息属性组
				安全信息			▲	详见附录 B 通用施工信息属性组
				成本信息			▲	详见附录 B 通用施工信息属性组
				槽底高程	○	△	▲	
				断面尺寸	△	▲	▲	
		沉淀池、油水分离池、蓄水池、蒸发池	沉淀池、油水分离池、蓄水池、蒸发池	设计信息	▲			继承 L3.0 模型的设计信息
				进度信息		▲		详见附录 B 通用施工信息属性组
				安全信息			▲	详见附录 B 通用施工信息属性组
				成本信息			▲	详见附录 B 通用施工信息属性组
				混凝土强度	△	▲	▲	
				轴线平面偏位	○	△	▲	
				几何尺寸	○	△	▲	
				底板高程	○	△	▲	

续表 A-1

单位、分部、分项工程		模型构件	模型信息					备注
				I3.5	I4.0	I5.0		
路基工程	小桥及符合小桥标准的通道、人行天桥、渡槽	钢筋加工及安装，砌体，混凝土扩大基础，钻孔灌注桩，混凝土墩、台，台身填土，就地浇筑梁、板，预制安装梁、板，就地浇筑拱圈，混凝土桥面板桥面防水层，支座垫石和挡块，支座安装，伸缩装置安装，栏杆、桥头搭板，砌体桥面防护，混凝土坡面表面防护，桥梁总体等						参照桥梁模型精细度表
	涵洞、通道	钢筋加工及安装，涵台，管节预制，管座及涵管安装，波形钢管涵安装，盖板预制，盖板安装，箱涵浇筑，拱涵浇筑（砌）筑，倒虹吸竖井，集水井砌筑，一字墙和八字墙，涵洞填土，顶进施工的涵洞，砌体坡面防护，涵洞总体等						详见涵洞模型精细度表

续表 A-1

单位、分部、分项工程		模型构件	模型信息	L3.5	L4.0	L5.0	备 注
路基工程	防护支挡工程	砌体、片石混凝土挡土墙	浆砌挡土墙	设计信息	▲	▲	▲	继承L3.0模型的设计信息
				进度信息			▲	详见附录B通用施工信息属性组
				安全信息			▲	详见附录B通用施工信息属性组
				成本信息			▲	详见附录B通用施工信息属性组
				砂浆强度	△		▲	
				平面位置	○	△	▲	
				墙面坡度	△	△	▲	
				断面尺寸	○	△	▲	
				顶面高程	○	△	▲	
				表面平整度	▲	▲	▲	
			平砌挡土墙	设计信息	▲	▲	▲	继承L3.0模型的设计信息
				进度信息			▲	详见附录B通用施工信息属性组
				安全信息			▲	详见附录B通用施工信息属性组
				成本信息			▲	详见附录B通用施工信息属性组
				平面位置	○	△	▲	
				墙面坡度	△	△	▲	
				断面尺寸	○	△	▲	
				顶面高程	○	△	▲	
				表面平整度	▲	▲	▲	
			片石混凝土挡土墙	设计信息	▲	▲	▲	继承L3.0模型的设计信息
				进度信息			▲	详见附录B通用施工信息属性组
				安全信息			▲	详见附录B通用施工信息属性组
				成本信息			▲	详见附录B通用施工信息属性组

续表 A-1

单位、分部、分项工程	模型构件	模型信息	L3.5	L4.0	L5.0	备 注
路基工程 / 防护支挡工程	砌体、片石混凝土挡土墙 / 片石混凝土挡土墙	混凝土强度	△	▲	▲	继承 L3.0 模型的设计信息
		平面位置	○	△	▲	详见附录 B 通用施工信息属性组
		墙面坡度	△	▲	▲	详见附录 B 通用施工信息属性组
		断面尺寸	△	△	▲	详见附录 B 通用施工信息属性组
		顶面高程	○	△	▲	
		表面平整度	▲	▲	▲	
	墙背填土	设计信息	△	△	▲	继承 L3.0 模型的设计信息
		进度信息	○	▲	▲	详见附录 B 通用施工信息属性组
		安全信息	▲	▲	▲	详见附录 B 通用施工信息属性组
		成本信息（距面板 1m 范围以内压实度）			▲	
		反滤层厚度		△	▲	
防护支挡工程 / 边坡锚固防护	锚杆、锚索	设计信息	△	△	▲	继承 L3.0 模型的设计信息
		进度信息	○	△	▲	详见附录 B 通用施工信息属性组
		安全信息	○	△	▲	详见附录 B 通用施工信息属性组
		成本信息	○	△	▲	详见附录 B 通用施工信息属性组
		注浆强度	○	△	▲	
		锚孔深度	○	△	▲	
		锚孔孔径	○	△	▲	
		锚孔轴线倾斜	○	△	▲	
		锚孔位置	○	△	▲	
		锚杆、锚索抗拔力	○	△	▲	
		张拉力	○	△	▲	
		张拉伸长率	○	△	▲	
		断丝、滑丝数	○	△	▲	

续表 A-1

单位、分部、分项工程		模型构件	模型信息	L3.5	L4.0	L5.0	备注
路基工程	防护支挡工程						
	边坡锚固防护	坡面	设计信息	▲	▲	▲	继承L3.0模型的设计信息
			进度信息			▲	详见附录B通用施工信息属性组
			安全信息				详见附录B通用施工信息属性组
			成本信息			▲	详见附录B通用施工信息属性组
			混凝土强度	△	▲	▲	
			喷层厚度	△	▲	▲	
			锚墩尺寸	△	△	▲	
			框格梁、地梁、边梁断面尺寸	○	△	▲	
			框格梁、地梁、边梁平面位置	○	△	▲	
	土钉支护	土钉	设计信息	▲	▲	▲	继承L3.0模型的设计信息
			进度信息			▲	详见附录B通用施工信息属性组
			安全信息				详见附录B通用施工信息属性组
			成本信息			▲	详见附录B通用施工信息属性组
			注浆强度	△	▲	▲	
			土钉孔深	○	△	▲	
			土钉倾角	△	▲	▲	
			土钉孔距	○	△	▲	
			土钉孔径	○	△	▲	
			土钉抗拔力			▲	
	砌体坡面防护	砌体坡面	设计信息	▲	▲	▲	继承L3.0模型的设计信息
			进度信息			▲	详见附录B通用施工信息属性组
			安全信息				详见附录B通用施工信息属性组
			成本信息			▲	详见附录B通用施工信息属性组

续表 A-1

单位、分部、分项工程	模型构件	模型信息	L3.5	L4.0	L5.0	备注
防护支挡工程	砌体坡面防护	砌体坡面	砂浆强度	△	▲	▲	
			顶面高程	○	△	▲	
			表面平整度	○	△	▲	
			坡度	△	▲	▲	
			厚度或断面尺寸	○	△	▲	
			框格间距	○	△		
			设计信息	▲			继承L3.0模型的设计信息
			进度信息				详见附录B通用施工信息属性组
			安全信息				详见附录B通用施工信息属性组
			成本信息				详见附录B通用施工信息属性组
	石笼防护	石龙	平面位置偏位	○	△	▲	
			长度	△	▲	▲	
			宽度	○	△	▲	
			高度	○	△	▲	
			设计信息	▲			继承L3.0模型的设计信息
			进度信息				详见附录B通用施工信息属性组
			安全信息				详见附录B通用施工信息属性组
			成本信息				详见附录B通用施工信息属性组
路基工程 / 导流工程	导流堤、坝		砂浆和混凝土强度	△	▲	▲	
			堤（坝）体压实度	△	▲	▲	
			平面位置偏位	○	△	▲	
			长度	○	▲	▲	
			断面尺寸	○	△	▲	
			坡度	○	△	▲	
			顶面高程	○	△		

续表 A-1

单位、分部、分项工程			模型构件	模型信息	L3.5	L4.0	L5.0	备注
路基工程	防护支挡工程	其他砌石构筑物	浆砌砌体	设计信息	▲			继承L3.0模型的设计信息
				进度信息		▲		详见附录B通用施工信息属性组
				安全信息		▲		详见附录B通用施工信息属性组
				成本信息		▲		详见附录B通用施工信息属性组
			干砌片石砌体	砂浆强度	△			
				顶面高程	○	△		
				坡度	○	△		
				断面尺寸	○	△		
				表面平整度	○	▲		
		钢筋加工及安装	钢筋	设计信息	▲			继承L3.0模型的设计信息
				进度信息	○	△		详见附录B通用施工信息属性组
				安全信息	△	▲		详见附录B通用施工信息属性组
				成本信息	○	△		
	大型挡土墙、组合挡土墙	砌体挡土墙	砌体挡土墙	顶面高程				参照防护支挡工程中的砌体、片石
				断面尺寸				参照应力挡土墙预应力管道压浆
				表面平整度		▲		参照防护支挡工程中的砌体、片石混凝土挡土墙
		悬臂式挡土墙、扶壁式挡土墙	悬臂式挡土墙、扶壁式挡土墙	设计信息	▲			继承L3.0模型的设计信息
				进度信息		▲		详见附录B通用施工信息属性组
				安全信息		▲		详见附录B通用施工信息属性组

续表 A-1

单位、分部、分项工程	模型构件	模型信息	L3.5	L4.0	L5.0	备注
路基工程	大型挡土墙、组合挡土墙	悬臂式挡土墙、扶壁式挡土墙	成本信息				详见附录B通用施工信息属性组
			混凝土强度	△	▲		
			平面位置	○	△	▲	
			墙面坡度	○	△	▲	
			断面尺寸	△	▲		
			顶面高程	○	△	▲	
			表面平整度	○	△	▲	
		筋带	设计信息	▲			继承L3.0模型的设计信息
			进度信息			▲	详见附录B通用施工信息属性组
			安全信息			▲	详见附录B通用施工信息属性组
			成本信息			▲	详见附录B通用施工信息属性组
	锚杆、锚定板和加筋土挡土墙		筋带与面板连接	○	△	▲	
			筋带与筋带连接	○	△	▲	
			筋带铺设	▲			
		拉杆	设计信息	▲			继承L3.0模型的设计信息
			进度信息			▲	详见附录B通用施工信息属性组
			安全信息			▲	详见附录B通用施工信息属性组
			成本信息			▲	详见附录B通用施工信息属性组
			长度	○	△	▲	
			拉杆间距	○	△	▲	
			拉杆与面板、锚定板连接	○	△	▲	

续表 A-1

单位、分部、分项工程		模型构件	模型信息	I3.5	I4.0	I5.0	备 注
路基工程	大型挡土墙、组合挡土墙	锚杆、锚定板和加筋土挡土墙	设计信息	▲			继承 I3.0 模型的设计信息
			进度信息		▲		详见附录 B 通用施工信息属性组
			安全信息				详见附录 B 通用施工信息属性组
			成本信息				详见附录 B 通用施工信息属性组
		锚杆	注浆强度	△		▲	
			锚孔孔深	○	△	▲	
			锚孔孔径	○	△	▲	
			锚孔轴线倾斜	○	△	▲	
			锚孔间距	○	△	▲	
			锚孔抗拔力	○	△	▲	
			锚杆与面板连接		△	▲	
		面板	设计信息	▲			继承 I3.0 模型的设计信息
			进度信息	△	▲		详见附录 B 通用施工信息属性组
			安全信息	○	△	▲	详见附录 B 通用施工信息属性组
			成本信息	△	▲		详见附录 B 通用施工信息属性组
			混凝土强度	○	△	▲	
			边长	○	△	▲	
			两对角线差	○	△	▲	
			厚度	○	△	▲	
			表面平整度	○	△	▲	
			预埋件位置	○	△	▲	
			每层面板顶高程	○	△	▲	
			轴线偏位	○	△	▲	
			面板坡度	○	△	▲	
			相邻面板错台	○	△	▲	
			面板缝宽	○	△	▲	

续表 A-1

单位、分部、分项工程	模型构件	模型信息	L3.5	L4.0	L5.0	备注
路基工程	大型挡土墙、组合挡土墙	锚杆、锚定板和加筋土挡土墙	加筋土挡土墙	设计信息	▲	▲	▲	继承 L3.0 模型的设计信息
				进度信息			▲	详见附录 B 通用施工信息属性组
				安全信息			▲	详见附录 B 通用施工信息属性组
				成本信息			▲	详见附录 B 通用施工信息属性组
				墙顶和肋柱平面位置	○	△	▲	
				墙顶和柱顶高程	○	△	▲	
				肋柱间距	○	△	▲	
				墙面平整度	○	△	▲	
		墙背填土					详见防护支挡工程中的墙背填土
路面工程	面层	水泥混凝土面层		设计信息	▲	▲	▲	继承 L3.0 模型的设计信息
				进度信息			▲	详见附录 B 通用施工信息属性组
				安全信息			▲	详见附录 B 通用施工信息属性组
				成本信息			▲	详见附录 B 通用施工信息属性组
				弯拉强度	△	▲	▲	
				板厚度	△	▲	▲	
				平整度（σ）	○	△	▲	
				平整度（IRI）	○	△	▲	
				抗滑构造深度	○	△	▲	
				横向力系数 SFC	○	△	▲	
				相邻板顶高差	○	△	▲	
				纵、横缝顺直度	○	△	▲	
				中线平面偏位	○	△	▲	

续表 A-1

单位、分部、分项工程	模型构件	模型信息	L3.5	L4.0	L5.0	备注
路面工程	水泥混凝土面层	路面宽度	○	△	▲	
		纵断高程	○	△	▲	
		横坡	○	△	▲	
		断板率	△	▲		
		设计信息	▲			继承 L3.0 模型的设计信息
		进度信息				详见附录 B 通用施工信息属性组
		安全信息				详见附录 B 通用施工信息属性组
		成本信息				详见附录 B 通用施工信息属性组
		压实度	△	▲		
		平整度（σ）	○	△	▲	
		平整度（IRI）	○	△	▲	
		平整度（最大间隙 h）	○	△	▲	
		弯沉值	○	△	▲	
	沥青混凝土面层、沥青碎（砾）石面层	渗水系数	○	△	▲	
		摩擦系数	△	▲		
		构造深度	○	△	▲	
		厚度	△	▲		
		中线平面偏位	○	△	▲	
		纵断高程	○	△	▲	
		宽度	△	▲		
		横坡	○	△	▲	
		矿料级配	○	△	▲	
		沥青含量	○	△	▲	
		马歇尔稳定度	○	△	▲	

续表 A-1

单位、分部、分项工程	模型构件	模型信息	L3.5	L4.0	L5.0	备注
路面工程	沥青贯入式面层	设计信息	▲	▲		继承 L3.0 模型的设计信息
		进度信息				详见附录 B 通用施工信息属性组
		安全信息				详见附录 B 通用施工信息属性组
		成本信息				详见附录 B 通用施工信息属性组
		平整度（σ）	○	△	▲	
		平整度（IRI）	○	△	▲	
		平整度（最大间隙 h）	○	△	▲	
		弯沉值	○	▲	▲	
		厚度	△	△	▲	
		沥青总用量	△	▲	▲	
		中线平面偏位	○	△	▲	
		纵断高程	○	△	▲	
		宽度	△	▲	▲	
		横坡	○	△	▲	
		矿料级配	○	▲	▲	
		沥青含量	○	▲	▲	
	沥青表面处置面层	设计信息	▲	▲		继承 L3.0 模型的设计信息
		进度信息				详见附录 B 通用施工信息属性组
		安全信息				详见附录 B 通用施工信息属性组
		成本信息				详见附录 B 通用施工信息属性组
		平整度（σ）	○	△	▲	
		平整度（IRI）	○	△	▲	

续表 A-1

单位、分部、分项工程	模型构件	模型信息	L3.5	L4.0	L5.0	备 注
路面工程	沥青表面处置面层	平整度（最大间隙 h）	○	△	▲	
		弯沉值	○	△	▲	
		厚度	△	▲	▲	
		沥青用量	○	△	▲	
		中线平面偏位	○	△	▲	
		纵断高程	○	△	▲	
		宽度	△	▲	▲	
		横坡	○	△	▲	
		设计信息	▲	▲		继承 L3.0 模型的设计信息
		进度信息	△	△		详见附录 B 通用施工信息属性组
		安全信息	○	△		详见附录 B 通用施工信息属性组
		成本信息	○	△		详见附录 B 通用施工信息属性组
面层	稳定土基层和底基层	压实度	△	▲	▲	
		平整度	○	△	▲	
		宽度	○	△	▲	
		厚度	△	▲	▲	
		横坡	○	△	▲	
基层、底基层	稳定粒料基层和底基层	强度	▲	▲	▲	
		设计信息	▲	▲		继承 L3.0 模型的设计信息
		进度信息	△	△		详见附录 B 通用施工信息属性组
		安全信息	○	△		详见附录 B 通用施工信息属性组
		成本信息	○	△		详见附录 B 通用施工信息属性组

续表 A-1

单位、分部、分项工程	模型构件	模型信息	L3.5	L4.0	L5.0	备注
路面工程	稳定粒料基层和底基层	压实度	△	◄	◄	
		平整度	○	△	◄	
		纵断高程	○	△	◄	
		宽度	○	△	◄	
		厚度	△	◄	◄	
		横坡	○	△	◄	
		强度	△	◄	◄	
		设计信息	◄	◄		继承L3.0模型的设计信息
		进度信息				详见附录B通用施工信息属性组
		安全信息				详见附录B通用施工信息属性组
		成本信息				详见附录B通用施工信息属性组
基层、底基层	级配碎(砾)石基层和底基层	压实度	△	◄	◄	
		弯沉值	○	△	◄	
		平整度	○	△	◄	
		纵断高程	○	△	◄	
		宽度	△	◄	◄	
		厚度	○	△	◄	
		横坡	◄	◄	◄	
		设计信息				继承L3.0模型的设计信息
		进度信息				详见附录B通用施工信息属性组
		安全信息				详见附录B通用施工信息属性组
		成本信息				详见附录B通用施工信息属性组
	填隙碎石(矿渣)基层和底基层	固体体积率	△	◄	◄	

续表 A-1

单位、分部、分项工程		模型构件	模型信息	L3.5	L4.0	L5.0	备 注
路面工程	基层、底基层	填隙碎石（矿渣）基层和底基层	弯沉值	○	△	▲	
			平整度	○	△	▲	
			纵断高程	○	△	▲	
			宽度	○	△	▲	
			厚度	△	▲	▲	
			横坡	△	▲		
	垫层	垫层	设计信息				继承 I3.0 模型的设计信息
			进度信息	△	▲	▲	详见附录 B 通用施工信息属性组
			安全信息	○	△	▲	详见附录 B 通用施工信息属性组
			成本信息	○	△	▲	详见附录 B 通用施工信息属性组
			压实度	△	▲	▲	
			平整度	○	△	▲	
			纵断高程	○	△	▲	
			宽度	△	▲		
			厚度	○	△		
			横坡	△	▲	▲	
			强度		▲	▲	
	路缘石	路缘石	设计信息				继承 I3.0 模型的设计信息
			进度信息			▲	详见附录 B 通用施工信息属性组
			安全信息	○	△	▲	详见附录 B 通用施工信息属性组
			成本信息	○	△	▲	详见附录 B 通用施工信息属性组
			直顺度	○	△	▲	
			相邻两块高差	○	△	▲	
			相邻两块接缝宽	○	△	▲	
			宽度	○	△	▲	
			顶面高程	○	△	▲	

续表 A-1

单位、分部、分项工程	模型构件	模型信息	L3.5	L4.0	L5.0	备注
路面工程	硬路肩、土路肩	设计信息	▲	▲	▲	继承 L3.0 模型的设计信息
		进度信息			▲	详见附录 B 通用施工信息属性组
		安全信息			▲	详见附录 B 通用施工信息属性组
		成本信息			▲	详见附录 B 通用施工信息属性组
		压实度	△			
		平整度	○	△	▲	
		横坡	○	△	▲	
		宽度	▲	▲	▲	
	人行道、自行车道、机动车道	设计信息	▲	▲	▲	继承 L3.0 模型的设计信息
		进度信息			▲	详见附录 B 通用施工信息属性组
		安全信息			▲	详见附录 B 通用施工信息属性组
		成本信息			▲	详见附录 B 通用施工信息属性组
		宽度	△	▲	▲	
	中央分隔带、绿化带	设计信息	▲	▲	▲	继承 L3.0 模型的设计信息
		进度信息			▲	详见附录 B 通用施工信息属性组
		安全信息			▲	详见附录 B 通用施工信息属性组
		成本信息			▲	详见附录 B 通用施工信息属性组
		宽度	○	△	△	

注：表中▲表示应具备的信息；△表示宜具备的信息；○表示可具备的信息。

表 A-2 桥梁模型精细度

单位、分部、分项工程	模型构件	模型信息	L3.5	L4.0	L5.0	备注
一般桥梁工程	钢筋	设计信息	▲			继承 L3.0 模型的设计信息
		进度信息		▲		详见附录 B 通用施工信息属性组
		安全信息				详见附录 B 通用施工信息属性组
		成本信息				详见附录 B 通用施工信息属性组
		受力钢筋间距	○	△	▲	
		箍筋、构造钢筋、螺旋筋间距	○	△	▲	
		钢筋骨架尺寸	△	▲	▲	
		弯起钢筋位置	○	△	▲	
		保护层厚度	△	▲	▲	
钢筋加工及安装	钢筋网	设计信息	▲			继承 L3.0 模型的设计信息
		进度信息		▲		详见附录 B 通用施工信息属性组
		安全信息				详见附录 B 通用施工信息属性组
		成本信息				详见附录 B 通用施工信息属性组
		网的长、宽	△	▲	▲	
		网眼尺寸	△	△	▲	
		网眼对角线差	○	▲	▲	
		网的安装位置	○	△	▲	
钢筋、预应力筋及管道压浆	预制桩钢筋	设计信息	▲			继承 L3.0 模型的设计信息
		进度信息		▲		详见附录 B 通用施工信息属性组
		安全信息				详见附录 B 通用施工信息属性组
		成本信息				详见附录 B 通用施工信息属性组
		主筋间距	○	△	▲	
		箍筋、螺旋筋间距	○	▲	▲	
		保护层厚度	△	△	▲	
		桩顶钢筋网片位置	○	△	▲	
		桩头纵向钢筋位置	○	△	▲	

续表 A-2

单位、分部、分项工程		模型构件	模型信息	L3.5	L4.0	L5.0	备注
一般桥梁工程	钢筋、预应力筋及管道压浆	钢筋加工及安装	设计信息	▲	▲	▲	继承 L3.0 模型的设计信息
			进度信息		▲		详见附录 B 通用施工信息属性组
			安全信息				详见附录 B 通用施工信息属性组
			成本信息				详见附录 B 通用施工信息属性组
		钻（挖）孔灌注桩、地下连续墙钢筋	主筋间距	○	△	▲	
			箍筋或螺旋间距	○	△	▲	
			钢筋骨架外径或厚、宽	△	▲	▲	
			钢筋骨架长度	△	▲	▲	
			钢筋骨架底端高程	○	△	▲	
			保护层厚度	△	▲	▲	
		预应力筋加工和张拉	设计信息	▲	▲	▲	继承 L3.0 模型的设计信息
			进度信息			▲	详见附录 B 通用施工信息属性组
			安全信息			▲	详见附录 B 通用施工信息属性组
			成本信息			▲	详见附录 B 通用施工信息属性组
		钢丝、钢绞线（先张法）	镦头钢丝同束长度相对差	○	△	▲	
			张拉应力值	○	△	▲	
			张拉伸长率	△	▲	▲	
			同一构件内断丝根数不超过钢丝总数的百分数	△	▲		
			预应力筋张拉后在横断面上的坐标	○	△	▲	
			无黏结段长度	○	△	▲	

续表 A-2

单位、分部、分项工程	模型构件	模型信息	L3.5	L4.0	L5.0	备注
钢筋、预应力筋及管道压浆	预应力筋加工和张拉 / 钢丝、钢绞线（后张法）	设计信息	▲	▲	▲	继承L3.0模型的设计信息
		进度信息			▲	详见附录B通用施工信息属性组
		安全信息			▲	详见附录B通用施工信息属性组
		成本信息			▲	详见附录B通用施工信息属性组
		管道坐标	○	△	▲	
		管道间距	○	△	▲	
		张拉应力值	△	△	▲	
		张拉伸长率	△	▲	▲	
		断丝滑丝数	▲	▲	▲	
	预应力管道压浆 / 预应力管道压浆	设计信息	▲	▲	▲	继承L3.0模型的设计信息
		进度信息	△	△	▲	详见附录B通用施工信息属性组
		安全信息	○	△	▲	详见附录B通用施工信息属性组
		成本信息	▲	▲	▲	详见附录B通用施工信息属性组
		浆体强度	△	△	▲	
		压浆压力值			▲	
		稳压时间			▲	
基础及下部结构（一般桥梁工程）	砌体 / 基础（砌体）	设计信息	▲	▲	▲	继承L3.0模型的设计信息
		进度信息			▲	详见附录B通用施工信息属性组
		安全信息			▲	详见附录B通用施工信息属性组
		成本信息			▲	详见附录B通用施工信息属性组
		砂浆强度	△	▲	▲	
		轴线偏位	○	○	▲	
		平面尺寸	△	▲	▲	
		顶面高程	○	△	▲	
		基底高程	○	△	▲	

续表 A-2

单位、分部、分项工程	模型构件	模型信息	L3.5	L4.0	L5.0	备 注
一般桥梁工程	基础及下部结构 墩、台身（砌体）	设计信息	▲	▲	▲	继承 L3.0 模型的设计信息
		进度信息			▲	详见附录 B 通用施工信息属性组
		安全信息			▲	详见附录 B 通用施工信息属性组
		成本信息			▲	详见附录 B 通用施工信息属性组
		砂浆强度	△	▲		
		轴线偏位	○	△	▲	
		墩台长、宽	△	▲		
		竖直度或坡度	○	△	▲	
		墩、台顶面高程	○	△	▲	
	砌体 拱圈（砌体）	侧面平整度	○	△	▲	
		设计信息	▲	▲	▲	继承 L3.0 模型的设计信息
		进度信息			▲	详见附录 B 通用施工信息属性组
		安全信息			▲	详见附录 B 通用施工信息属性组
		成本信息			▲	详见附录 B 通用施工信息属性组
		砂浆强度	△	▲		
		砌体外侧平面偏位	○	△	▲	
		拱圈厚度	△	▲		
		相邻镶面石砌块表层错位	○	△	▲	
		内弧线偏离设计弧线	○	△	▲	
	侧墙（砌体）	设计信息	▲	▲	▲	继承 L3.0 模型的设计信息
		进度信息			▲	详见附录 B 通用施工信息属性组
		安全信息			▲	详见附录 B 通用施工信息属性组
		成本信息			▲	详见附录 B 通用施工信息属性组

续表 A-2

单位、分部、分项工程	模型构件	模型信息	I3.5	I4.0	I5.0	备注
砌体	侧墙（砌体）	砂浆强度	△	▲	▲	
		外侧平面偏位	○	△	▲	
		宽度	△	▲	▲	
		顶面高程	○	△	▲	
		竖直度或坡度	○	△	▲	
		平整度	○	△	▲	
混凝土扩大基础	扩大基础（混凝土）	设计信息	▲	▲	▲	继承 I3.0 模型的设计信息
		进度信息			▲	详见附录 B 通用施工信息属性组
		安全信息			▲	详见附录 B 通用施工信息属性组
		成本信息			▲	详见附录 B 通用施工信息属性组
		混凝土强度	△	▲	▲	
		平面尺寸	△	▲	▲	
		基础底面高程	○	△	▲	
		基础顶面高程	○	△	▲	
		轴线偏位	○	△	▲	
一般桥梁工程 基础及下部结构 钻孔灌注桩	钻孔灌注桩	设计信息	▲	▲	▲	继承 I3.0 模型的设计信息
		进度信息			▲	详见附录 B 通用施工信息属性组
		安全信息			▲	详见附录 B 通用施工信息属性组
		成本信息			▲	详见附录 B 通用施工信息属性组
		混凝土强度	△	▲	▲	
		桩位	○	△	▲	
		孔深	○	△	▲	
		孔径	○	△	▲	
		钻孔倾斜度	○	△	▲	
		沉淀厚度	○	△	▲	
		桩身完整性	○	△	▲	

续表 A-2

单位、分部、分项工程	模型构件	模型信息	L3.5	L4.0	L5.0	备注
一般桥梁工程 / 基础及下部结构	挖孔桩	设计信息	▲		▲	继承 L3.0 模型的设计信息
		进度信息		▲		详见附录 B 通用施工信息属性组
		安全信息		△		详见附录 B 通用施工信息属性组
		成本信息		△		详见附录 B 通用施工信息属性组
		混凝土强度	△	▲	▲	
		桩位	○	△	▲	
		孔径或边长	○	△	▲	
		孔深	○	△	▲	
		孔的倾斜度	○	△	▲	
		桩身完整性	○	▲	▲	
	沉入桩 / 混凝土桩	设计信息	▲		▲	继承 L3.0 模型的设计信息
		进度信息		▲	▲	详见附录 B 通用施工信息属性组
		安全信息			▲	详见附录 B 通用施工信息属性组
		成本信息			▲	详见附录 B 通用施工信息属性组
		混凝土强度	△	▲	▲	
		长度	△	▲	▲	
		桩径或边长	△	▲	▲	
		空心中心与桩中心偏差	○	△	▲	
		桩尖与桩的纵轴线偏差	○	△	▲	
		桩纵轴线弯曲矢高	○	△	▲	
		桩顶面与桩纵轴线倾斜偏差	○	△	▲	
		接桩的接头平面与桩轴线垂直度	○	△	▲	
		桩位	○	△	▲	
		桩尖高程	○	△	▲	
		贯入度	○	△	▲	
		倾斜度	○	△	▲	

— 45 —

续表 A-2

单位、分部、分项工程	模型构件	模型信息	L3.5	L4.0	L5.0	备注
一般桥梁工程 / 基础及下部结构	沉入桩	设计信息	▲			继承 L3.0 模型的设计信息
		进度信息		▲		详见附录 B 通用施工信息属性组
		安全信息			▲	详见附录 B 通用施工信息属性组
		成本信息			▲	详见附录 B 通用施工信息属性组
	钢管桩	长度	△	▲		
		桩纵轴线弯曲矢高	○	△	▲	
		管端椭圆度	○	▲	▲	
		管节外周长	△	△	▲	
		接头尺寸	○	△	▲	
		焊缝尺寸	○	△	▲	
		焊缝探伤	○	△	▲	
		桩位	○	△	▲	
		桩头高程	○	▲	▲	
		贯入度	○	△	▲	
		倾斜度	○	▲	▲	
灌注桩桩底压浆	灌注桩底压浆	设计信息	▲			继承 L3.0 模型的设计信息
		进度信息		▲		详见附录 B 通用施工信息属性组
		安全信息		△	▲	详见附录 B 通用施工信息属性组
		成本信息		△	▲	详见附录 B 通用施工信息属性组
		浆体强度	△	▲	▲	
		压浆终止压力值	○	△	▲	
		压浆量	○	△	▲	
		稳压时间	○	△	▲	

续表 A-2

单位、分部、分项工程	模型构件	模型信息	L3.5	L4.0	L5.0	备注
一般桥梁工程	基础及下部结构	地下连续墙	设计信息	▲	▲	▲	继承 L3.0 模型的设计信息
			进度信息			▲	详见附录 B 通用施工信息属性组
			安全信息			▲	详见附录 B 通用施工信息属性组
			成本信息			▲	详见附录 B 通用施工信息属性组
			混凝土强度	△	▲	▲	
			轴线位置	○	△	▲	
			倾斜度	○	△	▲	
			沉淀厚度	○	△	▲	
			槽深	○	△	▲	
			槽宽	○	▲	▲	
		沉井	设计信息	▲	▲	▲	继承 L3.0 模型的设计信息
			进度信息			▲	详见附录 B 通用施工信息属性组
			安全信息			▲	详见附录 B 通用施工信息属性组
			成本信息			▲	详见附录 B 通用施工信息属性组
			混凝土强度	△	△	▲	
			沉井平面尺寸	△	△	▲	
			井壁厚度	○	△	▲	
			顶面高程	○	△	▲	
			沉井刃脚高程	○	△	▲	
			中心偏位（纵、横向）	○	△	▲	
			竖直度	▲	▲	▲	
	钢围堰	双壁钢围堰	设计信息	▲	▲	▲	继承 L3.0 模型的设计信息
			进度信息			▲	详见附录 B 通用施工信息属性组

— 47 —

续表 A-2

单位、分部、分项工程		模型构件	模型信息	L3.5	L4.0	L5.0	备注
一般桥梁工程	基础及下部结构						
	钢围堰	双壁钢围堰	安全信息				详见附录B通用施工信息属性组
			成本信息				详见附录B通用施工信息属性组
			顶面轴线偏位	○	△	▲	
			围堰平面尺寸	○	▲	▲	
			高度	△	△	▲	
			对接错边	○	▲	▲	
			焊缝尺寸	○	△	▲	
			焊缝探伤	○	△	▲	
			顶面高程	○	△	▲	
			竖直度	○	△	▲	
	沉井、钢围堰的混凝土封底	沉井、钢围堰的封底混凝土	设计信息	▲	▲		继承L3.0模型的设计信息
			进度信息		△	▲	详见附录B通用施工信息属性组
			安全信息				详见附录B通用施工信息属性组
			成本信息				详见附录B通用施工信息属性组
			混凝土强度	△	▲	▲	
			基底高程	○	△	▲	
			顶面高程	○	△	▲	
	承台	承台	设计信息	▲	▲		继承L3.0模型的设计信息
			进度信息				详见附录B通用施工信息属性组
			安全信息				详见附录B通用施工信息属性组
			成本信息				详见附录B通用施工信息属性组
			混凝土强度	△	▲	▲	
			平面尺寸	△	▲	▲	

续表 A-2

单位、分部、分项工程	模型构件	模型信息	L3.5	L4.0	L5.0	备注
一般桥梁工程 / 基础及下部结构	承台	结构高度	△	▲	▲	
		顶面高程	○	△	▲	
		轴线偏位	○	▲	▲	
		平整度	○	△	▲	
		设计信息	▲	▲	▲	继承L3.0模型的设计信息
		进度信息			▲	详见附录B通用施工信息属性组
		安全信息			▲	详见附录B通用施工信息属性组
		成本信息			▲	详见附录B通用施工信息属性组
	混凝土墩、台、墩、台身安装 — 现浇墩、台身	混凝土强度	△	▲	▲	
		断面尺寸	△	▲	▲	
		全高竖直度	○	△	▲	
		顶面高程	○	△	▲	
		轴线偏位	○	△	▲	
		节段间错台	○	△	▲	
		平整度	○	△	▲	
		预埋件位置	▲	▲	▲	
	现浇墩、台帽或盖梁	设计信息	△	▲	▲	继承L3.0模型的设计信息
		进度信息	○	△	▲	详见附录B通用施工信息属性组
		安全信息	○	△	▲	详见附录B通用施工信息属性组
		成本信息	○	△	▲	详见附录B通用施工信息属性组
		混凝土强度	△	▲	▲	
		断面尺寸	○	△	▲	
		轴线偏位	○	△	▲	
		顶面高程	○	△	▲	
		支座垫石预留位置	○	△	▲	
		平整度	○	△	▲	

续表 A-2

单位、分部、分项工程	模型构件	模型信息	I3.5	I4.0	I5.0	备注
一般桥梁工程 基础及下部结构	混凝土墩、台、墩、台身安装 预制墩、台身	设计信息	▲			继承I3.0模型的设计信息
		进度信息		▲		详见附录B通用施工信息属性组
		安全信息			▲	详见附录B通用施工信息属性组
		成本信息			▲	详见附录B通用施工信息属性组
		混凝土强度	△		▲	
		断面尺寸	△		▲	
		高度	○	△	▲	
		平整度	○	△	▲	
		支座垫石预留孔位置	○	△	▲	
		墩顶预埋件位置	○	△	▲	
		轴线偏位	○	△	▲	
		顶面高程	○	△	▲	
		全高竖直度	○	△	▲	
		节段间错台	○	△	▲	
		湿接头混凝土强度	○	△	▲	
	拱桥组合桥台	桥台(拱桥组合) 设计信息	▲			继承I3.0模型的设计信息
		进度信息		▲		详见附录B通用施工信息属性组
		安全信息			▲	详见附录B通用施工信息属性组
		成本信息			▲	详见附录B通用施工信息属性组
		架设拱圈前,台后沉降完成量	○	△	▲	
		台身后倾率	○	△	▲	
		架设拱圈前,台后填土完成量	○	△	▲	
		拱建成后桥台水平位移	○	△	▲	

续表 A-2

单位、分部、分项工程		模型构件	模型信息	L3.5	L4.0	L5.0	备注
基础及下部结构	台背填土	台背填土	设计信息	▲	▲		继承 L3.0 模型的设计信息
			进度信息			▲	详见附录 B 通用施工信息属性组
			安全信息				详见附录 B 通用施工信息属性组
			成本信息			▲	详见附录 B 通用施工信息属性组
			压实度	○	△	▲	
			填土长度	○	△	▲	
上部结构预制和安装	钢筋加工及安装，预应力筋加工和张拉，预应力管道压浆						详见钢筋、预应力筋及管道压浆
	预制安装梁、板	梁、板或梁段	设计信息	▲	▲		继承 L3.0 模型的设计信息
			进度信息	△	▲		详见附录 B 通用施工信息属性组
			安全信息	△	▲		详见附录 B 通用施工信息属性组
			成本信息	△	▲		详见附录 B 通用施工信息属性组
			混凝土强度	△	△	▲	
			梁长度	△	△	▲	
			梁宽度	△	△	▲	
			梁高度	△	△	▲	
			顶板、底板、腹板或梁肋厚度	△	△	▲	
			平整度	○	△	▲	
			横系梁及预埋件位置	○	△	▲	
			横坡	○	△	▲	
			斜拉索锚面角度	○	△	▲	
			斜拉索锚面锚点坐标	○	△	▲	

一般桥梁工程

续表 A-2

单位、分部、分项工程	模型构件	模型信息	L3.5	L4.0	L5.0	备注
上部结构预制和安装	预制安装梁、板	梁、板或梁段	梁、板顶面高程	○	△	▲	
			相邻梁、板顶面高差	○	△	▲	
			轴线偏位	○	△	▲	
			相邻节段间接缝错台	○	△	▲	
			节段拼装立缝宽度	○	△	▲	
			梁长	△	▲		
			支承中心偏位	○	△	▲	
	顶推施工梁	梁（顶推施工）	设计信息	▲			继承L3.0模型的设计信息
			进度信息		△	▲	详见附录B通用施工信息属性组
			安全信息		△	▲	详见附录B通用施工信息属性组
			成本信息		△	▲	详见附录B通用施工信息属性组
			轴线偏位	○	△	▲	
			落梁反力	○	△	▲	
			支点高差	▲	▲		
一般桥梁工程	转体施工梁	梁（转体施工）	设计信息	▲			继承L3.0模型的设计信息
			进度信息		△	▲	详见附录B通用施工信息属性组
			安全信息		△	▲	详见附录B通用施工信息属性组
			成本信息		△	▲	详见附录B通用施工信息属性组
			封闭转盘和合龙段混凝土强度	△	▲		
			轴线偏位	○	△	▲	
			梁顶面高程	○	△	▲	
			同一横断面两侧或相邻上部构件高差	○	△	▲	

续表 A-2

单位、分部、分项工程	模型构件	模型信息	L3.5	L4.0	L5.0	备注
上部结构预制和安装	悬臂施工梁	梁（悬臂拼装）	设计信息	▲			继承 L3.0 模型的设计信息
		进度信息		▲		详见附录 B 通用施工信息属性组
		安全信息				详见附录 B 通用施工信息属性组
		成本信息				详见附录 B 通用施工信息属性组
		合龙段混凝土强度	△		▲	
		轴线偏位	○	△	▲	
		顶面高程	○	△	▲	
		合龙后同跨对称点高程差	○	△	▲	
		相邻梁段间错台	○	△	▲	
	拱圈节段预制	拱圈节段	设计信息	▲			继承 L3.0 模型的设计信息
		进度信息		▲		详见附录 B 通用施工信息属性组
		安全信息				详见附录 B 通用施工信息属性组
		成本信息				详见附录 B 通用施工信息属性组
		混凝土强度	△		▲	
		每段拱箱内弧长	○	△	▲	
		内弧偏离设计弧线	○	△	▲	
		顶、底、腹板厚	△	▲	▲	
		断面宽度、高度	△	▲	▲	
		平面度	○	△	▲	
		拱箱接头倾斜	○	△	▲	
		预埋件位置	○	△	▲	

一般桥梁工程

续表 A-2

单位、分部、分项工程	模型构件	模型信息	L3.5	L4.0	L5.0	备注
上部结构预制和安装	拱圈节段预制	桁架拱杆件	设计信息	▲			继承 L3.0 模型的设计信息
			进度信息		▲		详见附录 B 通用施工信息属性组
			安全信息		▲		详见附录 B 通用施工信息属性组
			成本信息		▲		详见附录 B 通用施工信息属性组
			混凝土强度	△			
			断面尺寸	△			
			杆件长度	△			
			杆件旁弯	○			
			预埋件位置	○			
	拱的安装	主拱圈	设计信息	▲			继承 L3.0 模型的设计信息
			进度信息		▲		详见附录 B 通用施工信息属性组
			安全信息		▲		详见附录 B 通用施工信息属性组
			成本信息		▲		详见附录 B 通用施工信息属性组
			接头混凝土强度	△			
			轴线偏位	○			
			拱圈高程	○			
			对称接头相对高差		△		
			同跨各拱肋相对高差		△		
一般桥梁工程		桁架拱	设计信息	▲			继承 L3.0 模型的设计信息
			进度信息		▲		详见附录 B 通用施工信息属性组
			安全信息		▲		详见附录 B 通用施工信息属性组
			成本信息		▲		详见附录 B 通用施工信息属性组
			节点混凝土强度	△			

续表 A-2

单位、分部、分项工程			模型构件	模型信息	L3.5	L4.0	L5.0	备注
一般桥梁工程	上部结构预制和安装	拱的安装	桁架拱	轴线偏位	○	△	▲	
				拱圈高程	○	△	▲	
				相邻拱片高差	○	△	▲	
				对称点相对高差	○	△	▲	
				拱片竖向垂直度	▲	△	▲	
			腹拱（肋拱、箱拱等）	设计信息			▲	继承 L3.0 模型的设计信息
				进度信息	○	▲	▲	详见附录 B 通用施工信息属性组
				安全信息	○	▲	▲	详见附录 B 通用施工信息属性组
				成本信息	○	▲	▲	详见附录 B 通用施工信息属性组
				轴线偏位	▲	▲	▲	
				起拱线高程	△	▲	▲	
				相邻块件高差	△	▲	▲	
		转体施工拱	拱（转体施工）	设计信息			▲	继承 L3.0 模型的设计信息
				进度信息	△	▲	▲	详见附录 B 通用施工信息属性组
				安全信息	○	△	▲	详见附录 B 通用施工信息属性组
				成本信息	○	△	▲	详见附录 B 通用施工信息属性组
				封闭转盘和合龙段混凝土强度			▲	
				轴线偏位			▲	
				跨中拱顶面高程			▲	
				同一横截面两侧或相邻上部构件高差			▲	

— 55 —

续表 A-2

单位、分部、分项工程	模型构件	模型信息	L3.5	L4.0	L5.0	备 注
一般桥梁工程	中下承式拱吊杆和柔性系杆	吊杆	设计信息	▲			继承 L3.0 模型的设计信息
			进度信息		▲		详见附录 B 通用施工信息属性组
			安全信息				详见附录 B 通用施工信息属性组
			成本信息				详见附录 B 通用施工信息属性组
			吊杆长度	△	▲	▲	
			吊杆拉力	△	▲	▲	
			吊点位置	○	△	▲	
			吊点高程	○	△	▲	
		柔性系杆	设计信息	▲			继承 L3.0 模型的设计信息
			进度信息			▲	详见附录 B 通用施工信息属性组
			安全信息				详见附录 B 通用施工信息属性组
			成本信息				详见附录 B 通用施工信息属性组
			张拉应力值	○	△	▲	
			张拉伸长率	○	△	▲	
	上部结构预制和安装	钢梁制作	钢板梁	设计信息	▲			继承 L3.0 模型的设计信息
			进度信息		▲	▲	详见附录 B 通用施工信息属性组
			安全信息				详见附录 B 通用施工信息属性组
			成本信息				详见附录 B 通用施工信息属性组
			梁高	△	▲	▲	
			跨长	△	▲	▲	
			梁长	△	▲	▲	
			纵、横梁旁弯	○	△	▲	
			拱度	△	▲	▲	

续表 A-2

单位、分部、分项工程	模型构件		模型信息	L3.5	L4.0	L5.0	备注
一般桥梁工程	上部结构预制和安装	钢梁制作					
		钢板梁	平面度	○	△	▲	
			主梁、纵横梁盖板对腹板的垂直度	○	△	▲	
			焊缝尺寸	○	△	▲	
			焊缝探伤	○	△	▲	
			高强螺栓扭矩	○	△	▲	
			设计信息	▲	▲		继承 L3.0 模型的设计信息
			进度信息		▲		详见附录 B 通用施工信息属性组
			安全信息		▲		详见附录 B 通用施工信息属性组
			成本信息		▲		详见附录 B 通用施工信息属性组
		钢桁梁节段	节段长度	△	▲	▲	
			节段高度	△	▲	▲	
			节段宽度	△	▲	▲	
			对角线长度差	○	△	▲	
			桁片平面度	○	△	▲	
			拱度	△	▲	▲	
			焊缝尺寸	○	△	▲	
			焊缝探伤	○	△	▲	
			高强螺栓扭矩	○	△	▲	
			设计信息	▲	▲		继承 L3.0 模型的设计信息
		梁桥钢箱梁	进度信息				详见附录 B 通用施工信息属性组
			安全信息				详见附录 B 通用施工信息属性组
			成本信息				详见附录 B 通用施工信息属性组
			梁高	△	▲	▲	

续表 A-2

单位、分部、分项工程	模型构件	模型信息	L3.5	L4.0	L5.0	备注
一般桥梁工程 / 上部结构预制和安装	钢梁制作 / 梁桥钢箱梁	跨度	△	▲	▲	
		全长	△	▲	▲	
		腹板中心距	△	▲	▲	
		横断面对角线差	○	△	▲	
		旁弯	○	△	▲	
		拱度	△	▲	▲	
		腹板平面度	○	▲	▲	
		扭曲	△	▲	▲	
		对接错边	○	▲	▲	
		焊缝尺寸	○	▲	▲	
		焊缝探伤	○	▲	▲	
		高强螺栓扭矩	▲	▲	▲	
		设计信息				继承 L3.0 模型的设计信息
	斜拉桥钢箱梁（加劲梁段）	进度信息	△	▲	▲	详见附录 B 通用施工信息属性组
		安全信息	○	▲	▲	详见附录 B 通用施工信息属性组
		成本信息	△	▲	▲	详见附录 B 通用施工信息属性组
		梁长	△	▲	▲	
		梁段横断面板四角高差	○	△	▲	
		风嘴直线度偏差	△	▲	▲	
		端口宽度	○	▲	▲	
		端口中心高	△	▲	▲	
		端口边高	○	△	▲	
		横断面对角线差	○	△	▲	

续表 A-2

单位、分部、分项工程	模型构件	模型信息	L3.5	L4.0	L5.0	备注
一般桥梁工程	上部结构预制和安装 — 钢梁制作 — 斜拉桥钢箱梁（加劲梁段）	锚箱锚点坐标	○	△	▲	
		锚箱锚面角度	○	△	▲	
		梁段匹配性	△	▲	▲	
		焊缝尺寸	○	△	▲	
		焊缝探伤	○	△	▲	
		高强螺栓扭矩	○	△	▲	
		设计信息	▲	▲	▲	继承 L3.0 模型的设计信息
		进度信息		▲	▲	详见附录 B 通用施工信息属性组
		安全信息		▲	▲	详见附录 B 通用施工信息属性组
		成本信息		▲	▲	详见附录 B 通用施工信息属性组
	斜拉桥钢组合梁（工字梁段）	梁高	△	△	▲	
		梁长	△	▲	▲	
		梁宽	△	▲	▲	
		梁腹板平面度	○	△	▲	
		梁段盖板、腹板对接错边	○	△	▲	
		锚箱	○	△	▲	
		焊缝尺寸	○	△	▲	
		焊缝探伤	○	▲	▲	
		高强螺栓扭矩	▲		▲	
	悬索桥钢箱梁（加劲梁段）	设计信息	▲		▲	继承 L3.0 模型的设计信息
		进度信息			▲	详见附录 B 通用施工信息属性组
		安全信息			▲	详见附录 B 通用施工信息属性组
		成本信息			▲	详见附录 B 通用施工信息属性组

续表 A-2

单位、分部、分项工程		模型构件	模型信息	L3.5	L4.0	L5.0	备注
一般桥梁工程	上部结构预制和安装	钢梁制作	悬索桥钢箱梁（加劲梁段）	梁长	△	▲		
				梁段桥面板四角高差	○	△	▲	
				风嘴直线度偏差	○	△	▲	
				端口尺寸	○	△	▲	
				吊点位置	○	△	▲	
				梁段匹配性	△	▲	▲	
				焊缝尺寸	○	△	▲	
				焊缝探伤	○	△	▲	
				高强螺栓扭矩	○	△	▲	
		钢梁安装	钢梁	设计信息	▲	▲		继承 L3.0 模型的设计信息
				进度信息			▲	详见附录 B 通用施工信息属性组
				安全信息			▲	详见附录 B 通用施工信息属性组
				成本信息			▲	详见附录 B 通用施工信息属性组
				轴线位置	○	△	▲	
				高程	○	△	▲	
				固定支座处支承中心偏位	○	△	▲	
				焊缝尺寸	○	△	▲	
				焊缝探伤	○	△	▲	
				高强螺栓扭矩	○	△	▲	
		钢梁防护	钢梁（防护涂装）	设计信息	▲	▲		继承 L3.0 模型的设计信息
				进度信息		▲	▲	详见附录 B 通用施工信息属性组
				安全信息		▲	▲	详见附录 B 通用施工信息属性组
				成本信息			▲	详见附录 B 通用施工信息属性组
				除锈等级	△	△	▲	
				粗糙度	△	△	▲	
				总干膜厚度	○	△	▲	
				附着力	○	△	▲	

续表 A-2

单位、分部、分项工程	模型构件	模型信息	L3.5	L4.0	L5.0	备注
钢筋加工及安装，预应力筋加工和张拉，预应力管道压浆		设计信息				详见钢筋、预应力筋及管道压浆
		进度信息	◆	◆	◆	继承 L3.0 模型的设计信息
		安全信息		△	◆	详见附录 B 通用施工信息属性组
		成本信息		◆	◆	详见附录 B 通用施工信息属性组
就地浇筑梁、板	梁、板	混凝土强度	△	△	◆	详见附录 B 通用施工信息属性组
		轴线偏位	○	◆	◆	
		梁、板顶面高程	○	△	◆	
		断面尺寸	△	◆	◆	
		长度	△	△	◆	
		与相邻梁段间错台	○	△	◆	
		横坡	○	△	◆	
		平整度	○	◆	◆	
悬臂施工梁	梁（悬臂浇筑）	设计信息	◆			继承 L3.0 模型的设计信息
		进度信息	△	◆	◆	详见附录 B 通用施工信息属性组
		安全信息		△	◆	详见附录 B 通用施工信息属性组
		成本信息	△	◆	◆	详见附录 B 通用施工信息属性组
		混凝土强度	○	△	◆	
		轴线偏位	△	◆	◆	
		梁、板顶面高程	○	△	◆	
		断面尺寸	△	◆	◆	
		合龙后同跨对称点高程差	○	△	◆	
		顶面横坡	○	△	◆	
		平整度	○	△	◆	
		相邻梁段间错台	○	△	◆	

一般桥梁工程 / 上部结构现场浇筑

续表 A-2

单位、分部、分项工程			模型构件	模型信息	L3.5	L4.0	L5.0	备注
一般桥梁工程	上部结构现场浇筑	就地浇筑拱圈	拱圈	设计信息	▲	▲	▲	继承L3.0模型的设计信息
				进度信息		▲	▲	详见附录B通用施工信息属性组
				安全信息			▲	详见附录B通用施工信息属性组
				成本信息			▲	详见附录B通用施工信息属性组
				混凝土强度	△	▲	▲	
				轴线偏位	○	△	▲	
				内弧线偏离设计弧线	○	△	▲	
				断面尺寸	△	▲	▲	
		劲性骨架混凝土拱	劲性骨架	设计信息	▲	▲	▲	继承L3.0模型的设计信息
				进度信息	△	△	▲	详见附录B通用施工信息属性组
				安全信息	○	△	▲	详见附录B通用施工信息属性组
				成本信息	△	△	▲	详见附录B通用施工信息属性组
				杆件截面尺寸	○	△	▲	
				骨架高、宽	○	△	▲	
				内弧偏离设计弧线	○	△	▲	
				每段的弧长	○	△	▲	
				焊缝探伤	○	△	▲	
				轴线偏位	○	△	▲	
				高程	○	△	▲	
				对称点相对高差	▲	▲	▲	
			劲性骨架混凝土拱	设计信息			▲	继承L3.0模型的设计信息
				进度信息			▲	详见附录B通用施工信息属性组
				安全信息			▲	详见附录B通用施工信息属性组

续表 A-2

单位、分部、分项工程	模型构件	模型信息	L3.5	L4.0	L5.0	备 注
一般桥梁工程	上部结构现场浇筑	劲性骨架混凝土拱	劲性骨架混凝土拱	成本信息				详见附录 B 通用施工信息属性组
			混凝土强度	△	▲	▲	
			轴线偏位	○	△	▲	
			拱圈高程	○	△	▲	
			对称点相对高差	○	△	▲	
			断面尺寸	▲	▲	▲	
			设计信息				继承 L3.0 模型的设计信息
			进度信息				详见附录 B 通用施工信息属性组
			安全信息				详见附录 B 通用施工信息属性组
		钢管拱肋节段	成本信息				详见附录 B 通用施工信息属性组
			钢管直径	△	▲	▲	
			钢管椭圆度	△	▲	▲	
			钢管中距	△	△	▲	
			桁式拱肋断面对角线差	○	△	▲	
			节段平面度	○	△	▲	
			内弧偏离设计弧线	○	△	▲	
			对接错边	△	▲	▲	
			拱肋内弧长	○	△	▲	
			焊缝尺寸	○	△	▲	
			焊缝探伤	▲	▲	▲	
		钢管混凝土拱	设计信息				继承 L3.0 模型的设计信息
			进度信息				详见附录 B 通用施工信息属性组
			安全信息				详见附录 B 通用施工信息属性组

续表 A-2

单位、分部、分项工程			模型构件	模型信息	L3.5	L4.0	L5.0	备注
一般桥梁工程	上部结构现场浇筑	钢管混凝土拱	钢管混凝土拱	成本信息	△			详见附录 B 通用施工信息属性组
				混凝土强度	○	▲	▲	
				轴线偏位	○	△	▲	
				拱肋高程	△	▲	▲	
				混凝土脱空率	○	△	▲	
		中下承式拱吊杆和柔性系杆		对称点相对高差				详见上部结构预制和安装
		钢筋加工及安装						详见钢筋、预应力筋及管道压浆
		混凝土桥面防水层	混凝土桥面防水层	设计信息				继承 L3.0 模型的设计信息
				进度信息	▲	▲	▲	详见附录 B 通用施工信息属性组
				安全信息	△		▲	详见附录 B 通用施工信息属性组
				成本信息	△	▲	▲	详见附录 B 通用施工信息属性组
				防水涂层厚度	○	△	▲	
	桥面系、附属工程及桥梁总体			防水涂层用量	▲	▲	▲	
				防水层黏结强度	▲	▲	▲	
				混凝土黏结面含水率	○	△	▲	
		钢桥面板上防水黏结层	钢桥面板上防水黏结层	设计信息				继承 L3.0 模型的设计信息
				进度信息	○	△	▲	详见附录 B 通用施工信息属性组
				安全信息	△	▲	▲	详见附录 B 通用施工信息属性组
				成本信息	△	▲	▲	详见附录 B 通用施工信息属性组
				钢桥面板清洁度	△	▲	▲	
				粗糙度 R_z				
				防水黏结层厚度			▲	
				防水黏结层用量			▲	
				黏结层与钢桥板底漆间结合力	○	△	▲	

续表 A-2

单位、分部、分项工程	模型构件		模型信息	L3.5	L4.0	L5.0	备注
一般桥梁工程	桥面系、附属工程及桥梁总体	混凝土桥面板桥面铺装	设计信息	▲	▲		继承L3.0模型的设计信息
			进度信息				详见附录B通用施工信息属性组
			安全信息				详见附录B通用施工信息属性组
			成本信息				详见附录B通用施工信息属性组
		水泥混凝土桥面铺装	混凝土强度	△	▲	▲	
			厚度	△	▲	▲	
			平整度（σ）	○	△	▲	
			平整度（IRI）	○	▲	▲	
			平整度（最大间隙h）	○	△	▲	
			横坡	○	△	▲	
			抗滑构造深度	△	▲	▲	
		沥青混凝土桥面铺装	设计信息	▲	▲		继承L3.0模型的设计信息
			进度信息				详见附录B通用施工信息属性组
			安全信息				详见附录B通用施工信息属性组
			成本信息				详见附录B通用施工信息属性组
			压实度	○	△	▲	
			厚度	△	▲	▲	
			平整度（σ）	○	△	▲	
			平整度（IRI）	○	△	▲	
			渗水系数	△	△	▲	
			横坡	○	△	▲	
			抗滑构造深度	△	▲	▲	

续表 A-2

单位、分部、分项工程		模型构件	模型信息	L3.5	L4.0	L5.0	备 注
一般桥梁工程	桥面系、附属工程及桥梁总体	混凝土桥面板桥面铺装 复合桥面水泥混凝土铺装	设计信息	▲	▲	▲	继承L3.0模型的设计信息
			进度信息		▲	▲	详见附录B通用施工信息属性组
			安全信息		▲	▲	详见附录B通用施工信息属性组
			成本信息		▲	▲	详见附录B通用施工信息属性组
			混凝土强度	△	△	▲	
			厚度	△	△	▲	
			平整度	○	△	▲	
			横坡	○	△	▲	
		钢桥面板上沥青混凝土铺装	设计信息	▲	▲	▲	继承L3.0模型的设计信息
			进度信息		▲	▲	详见附录B通用施工信息属性组
			安全信息	○	△	▲	详见附录B通用施工信息属性组
			成本信息	△	△	▲	详见附录B通用施工信息属性组
			压实度	○	△	▲	
			厚度	○	△	▲	
			平整度(σ)	○	△	▲	
			平整度(IRI)	○	△	▲	
			平整度(最大间隙h)	△	▲	▲	
			横坡	△	▲	▲	
			渗水系数	△	▲	▲	
			摩擦系数	△	▲	▲	
			抗滑构造深度	△	▲	▲	

续表 A-2

单位、分部、分项工程		模型构件	模型信息	L3.5	L4.0	L5.0	备注
一般桥梁工程	桥面系、附属工程及桥梁总体	支座垫石	设计信息	▲	▲		继承 L3.0 模型的设计信息
			进度信息			▲	详见附录 B 通用施工信息属性组
			安全信息				详见附录 B 通用施工信息属性组
			成本信息				详见附录 B 通用施工信息属性组
			混凝土强度	△	▲		
			轴线偏位	○	△	▲	
			断面尺寸	△	▲	▲	
			顶面高程	○	△	▲	
			顶面高差	○	△	▲	
			预埋件位置	○	△	▲	
		挡块	设计信息	▲	▲		继承 L3.0 模型的设计信息
			进度信息			▲	详见附录 B 通用施工信息属性组
			安全信息	△	△	▲	详见附录 B 通用施工信息属性组
			成本信息	○	△		详见附录 B 通用施工信息属性组
			混凝土强度	△	▲	▲	
			平面位置	○			
			断面尺寸及高度	△	▲		
			与梁体间隙		△	▲	
	支座安装	支座	设计信息				继承 L3.0 模型的设计信息
			进度信息			▲	详见附录 B 通用施工信息属性组
			安全信息			▲	详见附录 B 通用施工信息属性组
			成本信息			▲	详见附录 B 通用施工信息属性组
			支座中心横桥向偏位	○	△	▲	
			支座中心顺桥向偏位	○	△	▲	
			支座高程	○	△	▲	
			支座四角高差	○	△	▲	

续表 A-2

单位、分部、分项工程			模型构件	模型信息	L3.5	L4.0	L5.0	备注
一般桥梁工程	桥面系、附属工程及桥梁总体	伸缩装置安装	伸缩装置	设计信息	▲			继承 L3.0 模型的设计信息
				进度信息		▲		详见附录 B 通用施工信息属性组
				安全信息			▲	详见附录 B 通用施工信息属性组
				成本信息			▲	详见附录 B 通用施工信息属性组
				长度	△	▲	▲	
				缝宽	○	△	▲	
				与桥面高差	○	△	▲	
				纵向平整度	○	△	▲	
				横向平整度	○	△	▲	
				焊缝尺寸	○	△	▲	
				焊缝探伤	▲	▲	▲	
		混凝土小型构件预制、安装	混凝土小型构件	设计信息	△	▲		继承 L3.0 模型的设计信息
				进度信息	△	▲	▲	详见附录 B 通用施工信息属性组
				安全信息	○	△	▲	详见附录 B 通用施工信息属性组
				成本信息	▲			详见附录 B 通用施工信息属性组
				混凝土强度		▲	▲	
				断面尺寸			▲	
		人行道铺设	人行道	长度	○	△	▲	
				人行道边缘平面偏位	○	△	▲	
				纵向高程	○	△	▲	
				接缝两侧高差	○	△	▲	
				横坡	○	△	▲	
				平整度	○	△	▲	

续表 A-2

单位、分部、分项工程	模型构件	模型信息	L3.5	L4.0	L5.0	备注
一般桥梁工程	桥面系、附属工程及桥梁总体					
栏杆安装	栏杆	设计信息	▲			继承L3.0模型的设计信息
		进度信息				详见附录B通用施工信息属性组
		安全信息				详见附录B通用施工信息属性组
		成本信息				详见附录B通用施工信息属性组
		栏杆平面偏位	○	△	▲	
		扶手高度	△	▲	▲	
		柱顶高差	○	△	▲	
		接缝两侧扶手高差	○	△	▲	
		竖杆或柱纵、横向竖直度	○	▲	▲	
护栏安装	混凝土护栏	设计信息	▲			继承L3.0模型的设计信息
		进度信息				详见附录B通用施工信息属性组
		安全信息				详见附录B通用施工信息属性组
		成本信息				详见附录B通用施工信息属性组
		混凝土强度	△	▲	▲	
		平面偏位	○	△	▲	
		断面尺寸	△	▲	▲	
		竖直度	○	△	▲	
		预埋件位置	▲	▲	▲	
	钢护栏	设计信息	▲			继承L3.0模型的设计信息
		进度信息				详见附录B通用施工信息属性组
		安全信息				详见附录B通用施工信息属性组
		成本信息				详见附录B通用施工信息属性组
		平面偏位	○	△	▲	
		立柱中距	△	▲	▲	
		立柱纵、横桥向竖直度	○	△	▲	
		横梁高度	△	▲	▲	
		与底座连接焊缝探伤	○	△	▲	

续表 A-2

单位、分部、分项工程	模型构件	模型信息	L3.5	L4.0	L5.0	备注
一般桥梁工程 / 桥面系、附属工程及桥梁总体	桥头搭板	设计信息	▲	▲	▲	继承L3.0模型的设计信息
		进度信息			▲	详见附录B通用施工信息属性组
		安全信息			▲	详见附录B通用施工信息属性组
		成本信息			▲	详见附录B通用施工信息属性组
		混凝土强度	△	▲	▲	
		枕梁宽	○	△	▲	
		枕梁高	○	△	▲	
		枕梁长	○	△	▲	
		板长	△	▲	▲	
		板宽	△	▲	▲	
		板厚	○	▲	▲	
		顶面高程	▲	▲	▲	
	混凝土构件（表面防护）	设计信息	▲	▲	▲	继承L3.0模型的设计信息
		进度信息			▲	详见附录B通用施工信息属性组
		安全信息			▲	详见附录B通用施工信息属性组
		成本信息			▲	详见附录B通用施工信息属性组
		涂层干膜厚度	△	▲	▲	
		涂层附着力	△	▲	▲	
	桥梁总体	设计信息	▲	▲	▲	继承L3.0模型的设计信息
		进度信息			▲	详见附录B通用施工信息属性组
		安全信息			▲	详见附录B通用施工信息属性组
		成本信息			▲	详见附录B通用施工信息属性组
		桥面中线偏位	○	△	▲	
		桥面宽	△	▲	▲	
		桥长	△	▲	▲	
		桥面高程	○	△	▲	

续表 A-2

单位、分部、分项工程			模型构件	模型信息	L3.5	L4.0	L5.0	备注
一般桥梁工程	防护工程	砌体坡面护坡、护岸、导流工程						参照路基路面模型精细度表中的防护支挡工程、挡土墙工程
	引道工程							参照路基路面模型精细度表
特大斜拉桥、特大悬索桥工程	塔及辅助、过渡墩	塔基础	钢筋加工及安装、混凝土扩大基础、钻孔灌注桩、灌注桩柱、底压浆、沉井、钢围堰、沉井、钢围堰的混凝土封底					参照一般桥梁工程中的基础及下部结构
		塔承台	钢筋加工及安装、双壁钢围堰、沉井、钢围堰的混凝土封底、承台					参照一般桥梁工程中的基础及下部结构
		索塔	钢筋加工及安装、预应力筋加工和张拉、预应力管道压浆					参照一般桥梁工程中的钢筋、预应力筋及管道压浆
			混凝土索塔	设计信息	▲	▲	▲	继承 L3.0 模型的设计信息
			斜拉桥混凝土索塔柱	进度信息	△	△	▲	详见附录 B 通用施工信息属性组
				安全信息	○	△	▲	详见附录 B 通用施工信息属性组
				成本信息	○	△	▲	详见附录 B 通用施工信息属性组
				混凝土强度	△	▲	▲	
				塔柱轴线偏位	△	▲	▲	
				全高竖直度			▲	
				外轮廓尺寸			▲	
				壁厚			▲	

续表 A-2

单位、分部、分项工程			模型构件	模型信息	L3.5	L4.0	L5.0	备注
特大斜拉桥、特大悬索桥工程	索塔、塔及辅助过渡墩	混凝土索塔	斜拉桥混凝土索塔柱	锚固点高程	○	△	▲	
				孔道位置	○	△	▲	
				预埋件位置	○	△	▲	
				节段间错台	○	△	▲	
				平整度	○	△	▲	
				设计信息	▲	▲		继承 L3.0 模型的设计信息
				进度信息		△	▲	详见附录 B 通用施工信息属性组
				安全信息		▲	▲	详见附录 B 通用施工信息属性组
				成本信息		▲	▲	详见附录 B 通用施工信息属性组
			斜拉桥混凝土索塔横梁	混凝土强度	△	▲	▲	
				轴线偏位	○	△	▲	
				外轮廓尺寸	△	▲	▲	
				壁厚	△	▲	▲	
				顶面高程	○	△	▲	
				平整度	○	△	▲	
				设计信息	▲	▲		继承 L3.0 模型的设计信息
				进度信息		△	▲	详见附录 B 通用施工信息属性组
				安全信息		△	▲	详见附录 B 通用施工信息属性组
				成本信息		▲	▲	详见附录 B 通用施工信息属性组
			悬索桥混凝土索塔柱	混凝土强度	△	▲	▲	
				塔柱轴线偏位	○	△	▲	
				全高竖直度	○	△	▲	
				外轮廓尺寸	△	▲	▲	

续表 A-2

单位、分部、分项工程			模型构件	模型信息	L3.5	L4.0	L5.0	备注
特大斜拉桥、特大悬索桥工程	索塔及辅助、过渡墩	索塔	悬索桥混凝土索塔柱	壁厚	△	▲	▲	
				塔顶格栅顶面高程	○	△	▲	
				塔顶格栅顶面高程差	○	△	▲	
				预埋件位置	○	△	▲	
				节段间错台	○	△	▲	
				平整度	○	△	▲	
				设计信息	▲	▲		继承 L3.0 模型的设计信息
				进度信息			▲	详见附录 B 通用施工信息属性组
				安全信息			▲	详见附录 B 通用施工信息属性组
				成本信息			▲	详见附录 B 通用施工信息属性组
			索塔钢锚梁	梁长	△	▲	▲	
				腹板中心距	△	△	▲	
				横断面对角线差	○	△	▲	
		索塔钢锚箱节段制作、索塔钢锚箱节段安装	索塔钢锚箱节段	旁弯	△	▲	▲	
				扭曲	○	△	▲	
				锚点坐标	○	△	▲	
				锚面角度	○	△	▲	
				焊缝尺寸	○	△	▲	
				焊缝探伤	○	△	▲	
				高强螺栓扭矩	○	△	▲	
				设计信息	▲	▲		继承 L3.0 模型的设计信息
				进度信息			▲	详见附录 B 通用施工信息属性组
				安全信息			▲	详见附录 B 通用施工信息属性组

续表 A-2

单位、分部、分项工程			模型构件	模型信息	L3.5	L4.0	L5.0	备注
特大斜拉桥、特大悬索桥工程	索塔	索塔钢锚箱节段制作、索塔钢锚箱节段安装	索塔钢锚箱节段	成本信息				详见附录 B 通用施工信息属性组
				节段高度	△	▲	▲	
				节段断面边长	△	▲	▲	
				节段断面对角线差	○	△	▲	
				节段上、下两端面平行度	○	△	▲	
				节段端面平面度	○	△	▲	
				锚点坐标	○	△	▲	
				锚面角度	○	△	▲	
				焊缝探伤	○	△	▲	
				焊缝探伤	○	△	▲	
				栓钉焊接弯曲裂纹	○	△	▲	
				中心线偏位	○	△	▲	
				节段顶面高程	○	△	▲	
				钢锚箱的断面接触率	△	△	▲	
				高强螺栓扭矩	○	△	▲	
	辅助墩、过渡墩	钢筋加工及安装、预应力筋加工和张拉、预应力管道压浆						参照一般桥梁工程中的钢筋、预应力筋及管道压浆
		钻孔灌注桩、灌注桩桩底压浆、承台、沉井、钢围堰、钢围堰的混凝土封底、混凝土墩台、墩、台身安装						参照一般桥梁工程中的基础及下部结构

续表 A-2

单位、分部、分项工程			模型构件	模型信息	L3.5	L4.0	L5.0	备注
特大斜拉桥、特大悬索桥工程	锚碇	锚碇基础	钢筋加工及安装，混凝土扩大基础，钻孔灌注桩，灌注桩桩底压浆，地下连续墙，沉井，钢围堰，沉井、钢围堰的混凝土封底					参照一般桥梁工程中的基础及下部结构
		锚体	钢筋加工及安装					参照一般桥梁工程中的钢筋、预应力筋及管道压浆
			锚碇锚固体系制作、安装	预应力锚固系统	设计信息	▲		继承 L3.0 模型的设计信息
					进度信息		▲	详见附录 B 通用施工信息属性组
					安全信息		▲	详见附录 B 通用施工信息属性组
					成本信息		▲	详见附录 B 通用施工信息属性组
				连接平板拉杆孔至锚固孔中心距	○	△	▲	
				连接平板主要孔径	○	△	▲	
				连接平板孔轴线与顶、底面的垂直度	○	△	▲	
				连接平板板厚	△	▲	▲	
				连接套筒轴线与顶、底面的垂直度	○	△	▲	
				连接套筒顶、底面平行度	△	▲	▲	
				连接套筒壁厚	△	▲	▲	
				拉杆同轴度	△	△	▲	
				拉杆、连接平板、连接筒、螺母探伤	△	△	▲	
				锚面孔道中心坐标偏差	○	△	▲	
				前锚面孔道角度	○	△	▲	
				连接平板轴线偏位	○	△	▲	

— 75 —

续表 A-2

单位、分部、分项工程			模型构件	模型信息	L3.5	L4.0	L5.0	备 注
特大斜拉桥、特大悬索桥工程	锚碇	锚体	锚碇锚固体系制作、安装	设计信息	▲	▲		继承 L3.0 模型的设计信息
			刚架锚固系统	进度信息			▲	详见附录 B 通用施工信息属性组
				安全信息			▲	详见附录 B 通用施工信息属性组
				成本信息			▲	详见附录 B 通用施工信息属性组
				锚杆、锚梁断面尺寸	△	▲		
				杆件长度	△	▲		
				锚杆、锚梁连接部位翼板平面度	○	△	▲	
				锚杆、锚梁弯曲	○	△	▲	
				锚杆、锚梁扭曲	○	△	▲	
				焊缝尺寸	○	△	▲	
				焊缝探伤	○	△	▲	
				刚架中心线偏位	○	△	▲	
				安装锚杆之平联高差	○	△	▲	
				锚杆坐标	○	△	▲	
				高强螺栓扭矩	○	△	▲	
			锚碇混凝土块体	设计信息	▲	▲		继承 L3.0 模型的设计信息
				进度信息			▲	详见附录 B 通用施工信息属性组
				安全信息		△	▲	详见附录 B 通用施工信息属性组
				成本信息	△	▲		详见附录 B 通用施工信息属性组
				混凝土强度	○	△	▲	
				轴线偏位	△	△	▲	
				平面尺寸	○	△	▲	
				基底高程	○	△	▲	
				顶面高程	○	△	▲	
				预埋件位置	○	△	▲	
				平整度	○	△	▲	

续表 A-2

单位、分部、分项工程			模型构件	模型信息	L3.5	L4.0	L5.0	备 注
特大斜拉桥、特大悬索桥工程	锚碇	预应力锚索的张拉与压浆		设计信息	▲			参照一般桥梁工程中的钢筋、预应力筋及管道压浆
		锚体	隧道锚的洞身开挖，隧道锚的混凝土锚塞体	隧道锚的混凝土锚塞体	设计信息		▲		继承 L3.0 模型的设计信息
				进度信息			▲	详见附录 B 通用施工信息属性组
				安全信息	△	△	▲	详见附录 B 通用施工信息属性组
				成本信息	○	△	▲	详见附录 B 通用施工信息属性组
				混凝土强度	△	▲	▲	
				前、后锚面中心纵桥向坐标	○	△	▲	
				前、后锚面倾角	△	▲	▲	
				预埋件位置	▲	▲	▲	
	上部钢结构制作与防护	索鞍	索鞍制作，索鞍防护	主索鞍	设计信息			▲	继承 L3.0 模型的设计信息
				进度信息		△	▲	详见附录 B 通用施工信息属性组
				安全信息	○	△	▲	详见附录 B 通用施工信息属性组
				成本信息	○	△	▲	详见附录 B 通用施工信息属性组
				平面度	○	△	▲	
				两平面的平行度	○	△	▲	
				鞍体下平面对中心索槽竖直平面的垂直度	○	△	▲	
				对合竖直平面对鞍体下平面的垂直度	○	△	▲	
				鞍座底面对中心索槽底的高度	○	△	▲	
				鞍槽的轮廓圆弧半径	△	▲	▲	
				各槽宽度、深度	△	▲	▲	
				各槽与中心索槽底的对称度	○	△	▲	
				加工后鞍槽底部及侧壁厚度	△	▲	▲	
				各槽曲线立、平面角度	△	▲	▲	
				鞍槽表面粗糙度 R_a	△	▲	▲	

— 77 —

续表 A-2

单位、分部、分项工程	模型构件	模型信息	L3.5	L4.0	L5.0	备 注
特大斜拉桥、特大悬索桥工程 上部钢结构制作与防护	索鞍 索鞍制作、索鞍防护 散索鞍	设计信息	▲			继承 L3.0 模型的设计信息
		进度信息			▲	详见附录 B 通用施工信息属性组
		安全信息			▲	详见附录 B 通用施工信息属性组
		成本信息			▲	详见附录 B 通用施工信息属性组
		平面度	○			
		两平面的平行度	○	△		
		摆轴中心线与索槽中心平面的垂直度	○	△		
		摆轴对合面到索槽底面的高度	△	▲		
		鞍槽的轮廓圆弧半径	○	▲		
		各槽宽度、深度	○	▲		
		各槽与中心索槽的对称度	○	▲		
		加工后鞍槽底部及侧壁厚度	△	△		
		各槽曲线立、平面角度	△			
		鞍槽表面粗糙度 R_a	▲			
	主缆 索股和锚头的制作与防护 索股和锚头	设计信息	△			继承 L3.0 模型的设计信息
		进度信息	△	▲		详见附录 B 通用施工信息属性组
		安全信息	△	▲		详见附录 B 通用施工信息属性组
		成本信息	○	▲		详见附录 B 通用施工信息属性组
		索股基准丝长度			▲	
		成品索股长度			▲	
		热铸锚合金灌铸率			▲	
		锚头顶压索股外移量			▲	
		索股轴线与锚头端面垂直度	○	△		

续表 A-2

单位、分部、分项工程			模型构件	模型信息	L3.5	L4.0	L5.0	备 注
特大斜拉桥、特大悬索桥工程	上部钢结构制作与防护	主缆防护	主缆	设计信息	▲	▲		继承 L3.0 模型的设计信息
				进度信息			▲	详见附录 B 通用施工信息属性组
				安全信息			▲	详见附录 B 通用施工信息属性组
				成本信息			▲	详见附录 B 通用施工信息属性组
				缠丝间距	○	△	▲	
				缠丝张力	△	▲	▲	
				防护层厚度	△	▲	▲	
		索夹制作、索夹防护	索夹	设计信息	▲	▲		继承 L3.0 模型的设计信息
				进度信息			▲	详见附录 B 通用施工信息属性组
				安全信息	△	▲	▲	详见附录 B 通用施工信息属性组
				成本信息	△	▲	▲	详见附录 B 通用施工信息属性组
				索夹内径及长度	○	△	▲	
				壁厚	△	▲	▲	
				圆度	△	△	▲	
				平直度	○	△	▲	
				索夹内壁粗糙度 R_a	△	△	▲	
				耳板销孔中心偏位	○	△	▲	
				耳板销孔内径	○	△	▲	
				螺孔中心偏位	○	△	▲	
				螺孔直径	○	△	▲	
				螺孔直线度	○	△	▲	

续表 A-2

单位、分部、分项工程			模型构件	模型信息	L3.5	L4.0	L5.0	备注
特大斜拉桥、特大悬索桥工程	上部钢结构制作与安装	吊索和锚头制作与防护	吊索和锚头	设计信息	▲	▲	▲	继承 L3.0 模型的设计信息
				进度信息				详见附录 B 通用施工信息属性组
				安全信息				详见附录 B 通用施工信息属性组
				成本信息				详见附录 B 通用施工信息属性组
				吊索调整后长度（销孔之间）	○	△		
				销轴直径	△	▲	▲	
				叉形耳板销孔中心偏位	○	△		
				热铸锚合金灌铸率	△	▲	▲	
				锚头顶压后吊索外移量	△	▲	▲	
				吊索轴线与锚面垂直度	○	△		
		钢梁制作、钢梁防护	钢加劲梁					参照一般桥梁工程中的上部结构预制和安装中的钢梁制作
		自锚式悬索桥主缆索股的锚固系统制作	自锚式悬索桥主缆索股的锚固系统	设计信息	▲	▲	▲	继承 L3.0 模型的设计信息
				进度信息				详见附录 B 通用施工信息属性组
				安全信息	△	▲	▲	详见附录 B 通用施工信息属性组
				成本信息	△	▲	▲	详见附录 B 通用施工信息属性组
				导管长度	▲	▲	▲	
				锚垫板与导管角度				
	加劲梁浇筑	混凝土斜拉桥主墩上梁段的浇筑	主墩上混凝土梁段	设计信息	▲	▲	▲	继承 L3.0 模型的设计信息
				进度信息				详见附录 B 通用施工信息属性组
				安全信息				详见附录 B 通用施工信息属性组
				成本信息				详见附录 B 通用施工信息属性组
				混凝土强度	△		▲	

续表 A-2

单位、分部、分项工程			模型构件	模型信息	L3.5	L4.0	L5.0	备注
特大斜拉桥、特大悬索桥工程	上部结构浇筑与安装	混凝土斜拉桥主墩上梁段的浇筑	主墩上混凝土梁段	轴线偏位	○	△	▲	
				顶面高程	○	△	▲	
				断面高度	△	▲	▲	
				断面顶宽	△	▲	▲	
				断面顶底宽或肋间宽	○	△	▲	
				断面顶、底、腹板厚或肋宽	△	▲	▲	
				横坡	○	△	▲	
				预埋件位置	○	▲	▲	
				平整度	○	△	▲	
	加劲梁浇筑			设计信息	▲		▲	继承L3.0模型的设计信息
				进度信息			▲	详见附录B通用施工信息属性组
				安全信息			▲	详见附录B通用施工信息属性组
				成本信息			▲	详见附录B通用施工信息属性组
		组合梁斜拉桥的混凝土板	组合梁斜拉桥的混凝土板	混凝土强度	△	▲	▲	
				混凝土板厚	△		▲	
				混凝土板宽	△	▲	▲	
				预制板安装偏位	○	△	▲	
				索力	△	▲	▲	
				高程	○	△	▲	
				横坡	▲	▲	▲	
		混凝土斜拉桥的悬臂浇筑梁段	混凝土斜拉桥的悬臂浇筑梁段	设计信息	▲		▲	继承L3.0模型的设计信息
				进度信息			▲	详见附录B通用施工信息属性组
				安全信息			▲	详见附录B通用施工信息属性组

续表 A-2

单位、分部、分项工程	模型构件	模型信息	L3.5	L4.0	L5.0	备注
特大斜拉桥、特大悬索桥工程 / 上部结构浇筑与安装	加劲梁浇筑 / 混凝土斜拉桥的悬臂浇筑 / 混凝土斜拉桥梁的悬臂浇筑梁段	成本信息				详见附录B通用施工信息属性组
		混凝土强度	△	▲		
		轴线偏位	○	△	▲	
		断面高度	△	▲		
		断面顶宽	△	▲		
		断面底宽或肋间宽	○	△	▲	
		断面顶、底、腹板厚或肋宽	△	▲		
		索力	○	△	▲	
		梁锚固点或索顶高程	○	△	▲	
		塔顶偏移	○	△	▲	
		横坡	○	△	▲	
		斜拉索锚面锚点坐标	○	△	▲	
		斜拉索锚面角度	○	△	▲	
		预埋件位置	○	△	▲	
		平整度	○	△	▲	
		相邻梁段间错台	○	△	▲	
		设计信息	▲			继承L3.0模型的设计信息
		进度信息			▲	详见附录B通用施工信息属性组
		安全信息			▲	详见附录B通用施工信息属性组
		成本信息			▲	详见附录B通用施工信息属性组
	索鞍安装 / 主索鞍	最终偏位（顺桥向）	○	△	▲	
		最终偏位（横桥向）	○	△	▲	
		底板高程	○	△	▲	
		底板四角高差	○	△	▲	
		高强螺栓扭矩	○	△	▲	

续表 A-2

单位、分部、分项工程	模型构件	模型信息	L3.5	L4.0	L5.0	备注
特大斜拉桥、特大悬索桥工程　上部结构浇筑与安装　索鞍安装	散索鞍	设计信息	▲			继承L3.0模型的设计信息
		进度信息		▲		详见附录B通用施工信息属性组
		安全信息			▲	详见附录B通用施工信息属性组
		成本信息			▲	详见附录B通用施工信息属性组
		底板轴线纵、横向偏位	○	△	▲	
		底板中心高程	○	△	▲	
		散索鞍竖向倾斜角	○	△	▲	
主缆架设	主缆	设计信息	▲			继承L3.0模型的设计信息
		进度信息		▲		详见附录B通用施工信息属性组
		安全信息			▲	详见附录B通用施工信息属性组
		成本信息			▲	详见附录B通用施工信息属性组
		索股高程	○	△	▲	
		锚跨索股力偏差	○	△	▲	
		主缆空隙率	△	▲		
		主缆直径不圆度	△	▲		
索夹和吊索安装	索夹、吊索	设计信息	▲			继承L3.0模型的设计信息
		进度信息		▲		详见附录B通用施工信息属性组
		安全信息			▲	详见附录B通用施工信息属性组
		成本信息			▲	详见附录B通用施工信息属性组
		索夹偏位（顺缆向）	○	△	▲	
		索夹偏位（偏转角）	○	△	▲	
		螺杆紧固力	△	▲		

续表 A-2

单位、分部、分项工程	模型构件	模型信息	L3.5	L4.0	L5.0	备注
特大斜拉桥、特大悬索桥工程 上部结构浇筑与安装 悬索桥钢加劲梁安装	钢加劲梁	设计信息	▲	▲		继承 L3.0 模型的设计信息
		进度信息			▲	详见附录 B 通用施工信息属性组
		安全信息			▲	详见附录 B 通用施工信息属性组
		成本信息			▲	详见附录 B 通用施工信息属性组
		吊点偏位	○	△		
		同一梁段两侧对称吊点处梁顶高差	○	△	▲	
		相邻节段匹配高差	○	△	▲	
		焊缝尺寸	○	△	▲	
		焊缝探伤	○	△	▲	
		高强螺栓扭矩	○	△	▲	
自锚式悬索桥主缆索股的锚固系统安装	自锚式悬索桥主缆索股的锚固系统	设计信息	▲	▲		继承 L3.0 模型的设计信息
		进度信息			▲	详见附录 B 通用施工信息属性组
		安全信息		△	▲	详见附录 B 通用施工信息属性组
		成本信息		△	▲	详见附录 B 通用施工信息属性组
		预埋导管前端孔道中心坐标	○	△		
		预埋导管后端孔道中心坐标	○	△		
自锚式悬索桥吊索张拉和体系转换	吊索	设计信息	▲	▲		继承 L3.0 模型的设计信息
		进度信息			▲	详见附录 B 通用施工信息属性组
		安全信息		△	▲	详见附录 B 通用施工信息属性组
		成本信息		△	▲	详见附录 B 通用施工信息属性组
		钢加劲梁高程	○	△	▲	
		钢加劲梁横向高差	○	△	▲	
		吊索索力	△	▲	▲	

续表 A-2

单位、分部、分项工程			模型构件	模型信息	L3.5	L4.0	L5.0	备 注
特大斜拉桥、特大悬索桥工程	上部结构浇筑与安装	钢斜拉桥钢箱梁段的拼装	钢斜拉桥钢箱梁段	设计信息	▲			继承 L3.0 模型的设计信息
				进度信息		▲		详见附录 B 通用施工信息属性组
				安全信息			▲	详见附录 B 通用施工信息属性组
				成本信息			▲	详见附录 B 通用施工信息属性组
				轴线偏位	○	△	▲	
				索力	△	▲	▲	
				梁锚固点高程或梁顶高程	○	△	▲	
				塔顶偏位	○	△	▲	
				梁顶四角高差	○	△	▲	
				相邻节段对接错边	○	△	▲	
				焊缝尺寸	○	△	▲	
				焊缝探伤	○	△	▲	
				高强螺栓扭矩	▲	▲	▲	
		组合梁斜拉桥钢梁段的悬臂拼装	组合梁斜拉桥钢梁段	设计信息				继承 L3.0 模型的设计信息
				进度信息		△	▲	详见附录 B 通用施工信息属性组
				安全信息	△	▲	▲	详见附录 B 通用施工信息属性组
				成本信息		△	▲	详见附录 B 通用施工信息属性组
				轴线偏位	○	△	▲	
				相邻节段对接错边	△	▲	▲	
				索力	○	△	▲	
				梁锚固点高程或梁顶高程	○	△	▲	
				焊缝尺寸	○	△	▲	
				焊缝探伤	○	△	▲	
				高强螺栓扭矩	○	△	▲	

续表 A-2

单位、分部、分项工程			模型构件	模型信息	L3.5	L4.0	L5.0	备注
上部结构浇筑与安装	安装	混凝土斜拉桥梁的悬臂拼装	混凝土斜拉桥的悬臂拼装梁段	设计信息	▲			继承 L3.0 模型的设计信息
				进度信息		▲		详见附录 B 通用施工信息属性组
				安全信息		▲		详见附录 B 通用施工信息属性组
				成本信息			▲	详见附录 B 通用施工信息属性组
				合龙段混凝土强度	△	▲		
				轴线偏位	○	△	▲	
				索力	△	▲	▲	
				梁锚固点高程或梁顶高程	○	△	▲	
				塔顶偏位	○	△	▲	
				相邻梁段间错台	○	△	▲	
特大桥、特大斜拉桥、特大悬索桥工程	桥面系、附属工程及桥梁总体	钢筋加工及安装，混凝土桥面板桥面防水层，钢桥面板上桥面水黏结层，混凝土桥面板铺装，钢桥面板上沥青混凝土铺装，支座安装，伸缩装置安装，人行道铺设，栏杆安装，护栏安装，桥头搭板，混凝土构件表面防护，桥梁总体						参照一般桥梁工程中的桥面系、附属工程及桥梁总体

注：表中 ▲ 表示应具备的信息；△ 表示宜具备的信息；○ 表示可具备的信息。

表 A-3 隧道模型精细度

单位、分部、分项工程	模型构件	模型信息	L3.5	L4.0	L5.0	备注
总体及装饰装修	隧道总体	设计信息	▲	▲	▲	继承 L3.0 模型的设计信息
		进度信息			▲	详见附录 B 通用施工信息属性组
		安全信息			▲	详见附录 B 通用施工信息属性组
		成本信息			▲	详见附录 B 通用施工信息属性组
		行车道宽度	△	▲	▲	
		内轮廓宽度	△	▲	▲	
		内轮廓高度	△	△	▲	
		隧道偏位	○	△	▲	
	装饰装修工程	边坡或仰坡坡度	△	▲	▲	符合现行《建筑信息模型施工应用标准》(GB/T 51235) 的相关要求
隧道工程（钻爆法） 洞口工程	洞口边仰坡防护 锚杆、锚索	设计信息	▲	▲	▲	继承 L3.0 模型的设计信息
		进度信息			▲	详见附录 B 通用施工信息属性组
		安全信息			▲	详见附录 B 通用施工信息属性组
		成本信息			▲	详见附录 B 通用施工信息属性组
		注浆强度	○	△	▲	
		锚孔深度	○	△	▲	
		锚孔孔径	○	△	▲	
		锚孔轴线倾斜	△	▲	▲	
		锚杆、锚索位置	△	▲	▲	
		张拉力	△	▲	▲	
		张拉伸长率	△	▲	▲	
		断丝、滑丝数	△	▲	▲	

续表 A-3

单位、分部、分项工程		模型构件	模型信息	L3.5	L4.0	L5.0	备注
隧道工程（钻爆法）	洞口工程	洞口边仰坡防护	锚固坡面结构	设计信息	▲			继承 L3.0 模型的设计信息
				进度信息		▲	▲	详见附录 B 通用施工信息属性组
				安全信息			▲	详见附录 B 通用施工信息属性组
				成本信息			▲	详见附录 B 通用施工信息属性组
				混凝土强度	△	▲	▲	
				喷层厚度	△	▲	▲	
				锚墩尺寸	△	▲	▲	
				框格梁、地梁、边梁、断面尺寸	○	△	▲	
				框格梁、地梁、边梁、平面位置	▲	▲	▲	
			砌体坡面结构	设计信息				继承 L3.0 模型的设计信息
				进度信息	△	○	▲	详见附录 B 通用施工信息属性组
				安全信息	○	△	▲	详见附录 B 通用施工信息属性组
				成本信息	○	△	▲	详见附录 B 通用施工信息属性组
				砂浆强度	△	▲	▲	
				顶面高程	△	▲	▲	
				表面平整度	○	△	▲	
				坡度	△	▲	▲	
				厚度或断面尺寸	○	△	▲	
				框格间距	▲	▲	▲	
		洞门和翼墙的浇（砌）筑	洞门	设计信息				继承 L3.0 模型的设计信息
				进度信息		▲	▲	详见附录 B 通用施工信息属性组
				安全信息			▲	详见附录 B 通用施工信息属性组
				成本信息			▲	详见附录 B 通用施工信息属性组

续表 A-3

单位、分部、分项工程		模型构件	模型信息	L3.5	L4.0	L5.0	备注
隧道工程（钻爆法）	洞口工程	洞门	混凝土强度	△	▲	▲	
			混凝土厚度	△	▲	▲	
			表面平整度	○	△	▲	
			断面尺寸	△	▲	▲	
			平面位置	○	△	▲	
	洞门和翼墙的浇（砌）筑		设计信息	▲	▲		继承 L3.0 模型的设计信息
			进度信息			▲	详见附录 B 通用施工信息属性组
			安全信息			▲	详见附录 B 通用施工信息属性组
			成本信息			▲	详见附录 B 通用施工信息属性组
		翼墙	砂浆强度	△	▲	▲	
			平面位置	○	△	▲	
			墙面坡度	△	▲	▲	
			断面尺寸	△	▲	▲	
			顶面高程	○	△	▲	
			表面平整度	▲	▲	▲	
	截水沟	截水沟	设计信息	△	▲	▲	继承 L3.0 模型的设计信息
			进度信息			▲	详见附录 B 通用施工信息属性组
			安全信息			▲	详见附录 B 通用施工信息属性组
			成本信息			▲	详见附录 B 通用施工信息属性组
			砂浆强度	△	▲	▲	
			轴线偏位	○	△	▲	
			沟底高程	○	△	▲	
			墙面直顺度	△	▲	▲	
			坡度	△	▲	▲	
			断面尺寸	△	▲	▲	
			铺砌厚度	△	▲	▲	
			基础垫层宽度、厚度	△	▲	▲	

续表 A-3

单位、分部、分项工程		模型构件	模型信息	L3.5	L4.0	L5.0	备注
隧道工程（钻爆法）	洞口工程	洞口排水沟	排水沟	设计信息	▲	▲	▲	继承 L3.0 模型的设计信息
			进度信息			▲	详见附录 B 通用施工信息属性组
			安全信息			▲	详见附录 B 通用施工信息属性组
			成本信息			▲	详见附录 B 通用施工信息属性组
			砂浆强度	△	▲	▲	
			轴线偏位	○	△	▲	
			沟底高程	○	△	▲	
			墙面直顺度	○	△	▲	
			坡度	△	▲	▲	
			断面尺寸	△	▲	▲	
			铺砌厚度	△	▲	▲	
			基础垫层宽度、厚度	▲	▲	▲	
	明洞浇筑	明洞	设计信息			▲	继承 L3.0 模型的设计信息
			进度信息			▲	详见附录 B 通用施工信息属性组
			安全信息			▲	详见附录 B 通用施工信息属性组
			成本信息			▲	详见附录 B 通用施工信息属性组
			混凝土强度	△	▲	▲	
			混凝土厚度	○	△	▲	
			墙面平整度	▲	▲	▲	
	明洞防水层	防水层	设计信息			▲	详见附录 B 通用施工信息属性组
			进度信息			▲	详见附录 B 通用施工信息属性组
			安全信息		△	▲	详见附录 B 通用施工信息属性组
			成本信息			▲	详见附录 B 通用施工信息属性组

续表 A-3

单位、分部、分项工程	模型构件	模型信息	L3.5	L4.0	L5.0	备注
洞口工程	明洞防水层	防水层	搭接长度	△	▲	▲	
		卷材向隧道暗洞延伸长度	△	▲	▲	
		卷材向基底的横向延伸长度	○	△	▲	
		缝宽	○	△	▲	
		焊缝密实性	▲	▲	▲	继承 L3.0 模型的设计信息
	明洞回填	回填	设计信息	△	▲	▲	详见附录 B 通用施工信息属性组
		进度信息	○	△	▲	详见附录 B 通用施工信息属性组
		安全信息	△	▲	▲	详见附录 B 通用施工信息属性组
		成本信息	△	▲	▲	详见附录 B 通用施工信息属性组
		回压填实	△	▲	▲	
		每层回填高差	○	△	▲	
		两侧回填高差	○	△	▲	
		坡度	△	▲	▲	
		回填厚度	△	▲	▲	
洞身开挖	洞身开挖	土石方	设计信息	▲	▲	▲	继承 L3.0 模型的设计信息
		进度信息	△	▲	▲	详见附录 B 通用施工信息属性组
		安全信息	△	▲	▲	详见附录 B 通用施工信息属性组
		成本信息	△	▲	▲	详见附录 B 通用施工信息属性组
		拱部超挖	△		▲	
		边墙超挖	△		▲	
		仰拱、隧底超挖	△		▲	

隧道工程（钻爆法）

续表 A-3

单位、分部、分项工程	模型构件	模型信息	I3.5	I4.0	I5.0	备注
隧道工程（钻爆法） 洞身衬砌	管棚	设计信息	▲	▲	▲	继承 I3.0 模型的设计信息
		进度信息				详见附录 B 通用施工信息属性组
		安全信息				详见附录 B 通用施工信息属性组
		成本信息				详见附录 B 通用施工信息属性组
		长度	△	▲	▲	
		数量	△	▲	▲	
		孔位	○	△	▲	
		孔深	○	△	▲	
	超前小导管	设计信息	▲	▲	▲	继承 I3.0 模型的设计信息
		进度信息				详见附录 B 通用施工信息属性组
		安全信息				详见附录 B 通用施工信息属性组
		成本信息				详见附录 B 通用施工信息属性组
		长度	△	▲	▲	
		数量	△	▲	▲	
		孔位	○	△	▲	
		孔深	○	△	▲	
	超前锚杆	设计信息	▲	▲	▲	继承 I3.0 模型的设计信息
		进度信息				详见附录 B 通用施工信息属性组
		安全信息				详见附录 B 通用施工信息属性组
		成本信息				详见附录 B 通用施工信息属性组
		长度	△	▲	▲	
		数量	△	▲	▲	
		孔位	○	△	▲	
		孔深	○	△	▲	
		孔径	○	△	▲	

续表 A-3

单位、分部、分项工程	模型构件	模型信息	L3.5	L4.0	L5.0	备注
隧道工程（钻爆法） 洞身衬砌	锚杆	设计信息	▲			继承L3.0模型的设计信息
		进度信息		▲		详见附录B通用施工信息属性组
		安全信息			▲	详见附录B通用施工信息属性组
		成本信息			▲	详见附录B通用施工信息属性组
		数量	△	▲		
		锚杆拔力	△	▲	▲	
		孔位	○	△	▲	
		孔深	○	△	▲	
		孔径	○	△	▲	
	钢筋网	设计信息	▲			继承L3.0模型的设计信息
		进度信息		▲		详见附录B通用施工信息属性组
		安全信息	△	▲		详见附录B通用施工信息属性组
		成本信息	▲		▲	详见附录B通用施工信息属性组
		钢筋网喷射混凝土保护层厚度	△	▲	▲	
		网格尺寸	△	▲	▲	
		搭接长度	▲	▲	▲	
	钢架	设计信息	△	▲	▲	继承L3.0模型的设计信息
		进度信息	△	▲		详见附录B通用施工信息属性组
		安全信息	△			详见附录B通用施工信息属性组
		成本信息				详见附录B通用施工信息属性组
		榀数	△	▲	▲	
		间距	○	△	▲	
		喷射混凝土保护层厚度	△	▲	▲	

续表 A-3

单位、分部、分项工程	模型构件	模型信息	L3.5	L4.0	L5.0	备注
隧道工程（钻爆法）	洞身衬砌	钢架	倾斜度	○	△		
			拼装偏差	○	△	▲	
			安装偏差	○	△	▲	
			连接钢筋（数量）	△	▲	▲	
			连接钢筋（间距）	○	△	▲	
			设计信息	▲	▲	▲	继承 L3.0 模型的设计信息
		喷射混凝土	进度信息		▲	▲	详见附录 B 通用施工信息属性组
			安全信息		▲	▲	详见附录 B 通用施工信息属性组
			成本信息		▲	▲	详见附录 B 通用施工信息属性组
			喷射混凝土强度	△	▲	▲	
			喷层厚度	△	▲	▲	
			喷层与围岩接触状况	▲	▲	▲	
		仰拱	设计信息				继承 L3.0 模型的设计信息
			进度信息	△	▲	▲	详见附录 B 通用施工信息属性组
			安全信息	△	△	▲	详见附录 B 通用施工信息属性组
			成本信息	○	▲	▲	详见附录 B 通用施工信息属性组
			混凝土强度	▲	▲	▲	
		仰拱回填	钢筋保护层厚度		△		
			底面高程				
			设计信息				继承 L3.0 模型的设计信息
			进度信息			▲	详见附录 B 通用施工信息属性组
			安全信息			▲	详见附录 B 通用施工信息属性组

续表 A-3

单位、分部、分项工程		模型构件	模型信息	L3.5	L4.0	L5.0	备注
隧道工程（钻爆法）	洞身衬砌	仰拱回填	成本信息	△	▲		详见附录B 通用施工信息属性组
			混凝土强度	○	△	▲	
			顶面高程	▲	▲	▲	
			设计信息				继承L3.0模型的设计信息
			进度信息			▲	详见附录B 通用施工信息属性组
			安全信息			▲	详见附录B 通用施工信息属性组
		混凝土衬砌	成本信息	△	▲	▲	详见附录B 通用施工信息属性组
		拱墙、边墙	混凝土强度	△	▲	▲	
			衬砌厚度	○		▲	
			墙面平整度	△			
			衬砌背部密实状况	▲			
			设计信息				继承L3.0模型的设计信息
			进度信息			▲	详见附录B 通用施工信息属性组
			安全信息			▲	详见附录B 通用施工信息属性组
		衬砌钢筋	成本信息	○	△	▲	
			主筋间距	○	△	▲	
			两层钢筋间距	△	▲	▲	
			箍筋间距	△	▲	▲	
			钢筋保护层厚度	▲	▲	▲	
			设计信息				继承L3.0模型的设计信息
			进度信息			▲	详见附录B 通用施工信息属性组
			安全信息			▲	详见附录B 通用施工信息属性组
	防排水	排水	纵向排水管、横向排水管、环向排水管				

续表 A-3

单位、分部、分项工程			模型构件	模型信息	L3.5	L4.0	L5.0	备注
隧道工程（钻爆法）	防排水	排水	纵向排水管、横向排水管、环向排水管	成本信息				详见附录B 通用施工信息属性组
				混凝土强度	△			
				轴线偏位	○	△	▲	
				断面尺寸或管径	△	▲	▲	
				壁厚	△	▲	▲	
				沟底高程	○	△	▲	
				沟底纵坡	△	▲	▲	
				基础厚度	△	▲	▲	
		止水带	止水带	设计信息	▲			继承L3.0模型的设计信息
				进度信息				详见附录B 通用施工信息属性组
				安全信息				详见附录B 通用施工信息属性组
				成本信息				详见附录B 通用施工信息属性组
				纵向偏离	○	△	▲	
				偏离衬砌中线	○	△	▲	
				固定点间距	▲	▲	▲	
		防水层	防水层	设计信息				继承L3.0模型的设计信息
				进度信息				详见附录B 通用施工信息属性组
				安全信息				详见附录B 通用施工信息属性组
				成本信息				详见附录B 通用施工信息属性组
				搭接长度	△	▲	▲	
				缝宽	○	△	▲	
				固定点间距	○	△	▲	
				焊缝密实性	○	△	▲	

续表 A-3

单位、分部、分项工程			模型构件	模型信息				备注
				L3.5	L4.0	L5.0		
隧道工程（钻爆法）	路面	基层、面层						参照路基路面模型精细度表中的路面工程
	辅助通道	洞身开挖，喷射混凝土，锚杆，钢筋网，钢拱架，仰拱、仰拱回填，衬砌钢筋，混凝土衬砌，超前锚杆，超前小导管，管棚，防水层，止水带，排水等						参照隧道主体部分

注：表中▲表示应具备的信息；△表示宜具备的信息；○表示可具备的信息。

表 A-4 涵洞模型精细度

单位、分部、分项工程	模型构件	模型信息	L3.5	L4.0	L5.0	备注
涵洞、通道	涵洞总体	设计信息	▲			继承I3.0模型的设计信息
		进度信息		▲		详见附录B通用施工信息属性组
		安全信息		▲		详见附录B通用施工信息属性组
		成本信息			▲	详见附录B通用施工信息属性组
		轴线偏位	○	△		
		流水面高程	○	△		
		涵底铺砌厚度	○	△		
		长度	△	▲		
		跨径或内径	△	▲		
		净高	○	△		
	涵台	设计信息	▲			继承I3.0模型的设计信息
		进度信息		▲		详见附录B通用施工信息属性组
		安全信息		▲		详见附录B通用施工信息属性组
		成本信息			▲	详见附录B通用施工信息属性组
		混凝土或砂浆强度	△	▲		
		断面尺寸	○	△		
		竖直度	○	△		
		顶面高程	○	△		
	混凝土涵管预制、安装	设计信息	▲			继承I3.0模型的设计信息
		进度信息		▲		详见附录B通用施工信息属性组
		安全信息		▲		详见附录B通用施工信息属性组
		成本信息			▲	详见附录B通用施工信息属性组
		混凝土强度	△	▲		

续表 A-4

单位、分部、分项工程	模型构件	模型信息	L3.5	L4.0	L5.0	备注
涵洞、通道	混凝土涵管预制、安装	混凝土涵管节段	内径	△	▲	▲	
			壁厚	△	▲	▲	
			顺直度	○	△	▲	
			长度	△	△	▲	
			相邻管节底面错台	○	△	▲	
			设计信息	▲	▲	▲	继承 L3.0 模型的设计信息
			进度信息			▲	详见附录 B 通用施工信息属性组
			安全信息			▲	详见附录 B 通用施工信息属性组
			成本信息			▲	详见附录 B 通用施工信息属性组
		管座、垫层	混凝土强度	△		▲	
			宽度	△		▲	
			厚度	▲		▲	
			设计信息	▲	▲	▲	继承 L3.0 模型的设计信息
			进度信息			▲	详见附录 B 通用施工信息属性组
			安全信息			▲	详见附录 B 通用施工信息属性组
			成本信息			▲	详见附录 B 通用施工信息属性组
	盖板预制、安装	盖板	支撑中心偏位	○	△	▲	
			相邻板最大高差	○	△	▲	
			混凝土强度	△	△	▲	
			断面宽度	△	△	▲	
			断面高度	△	△	▲	
			平整度	○	○	▲	
			横坡	○	△	▲	

续表 A-4

单位、分部、分项工程	模型构件	模型信息	L3.5	L4.0	L5.0	备注
涵洞、通道						
波形钢涵安装	波形钢管涵节段	设计信息	▲	▲		继承 L3.0 模型的设计信息
		进度信息			▲	详见附录 B 通用施工信息属性组
		安全信息			▲	详见附录 B 通用施工信息属性组
		成本信息			▲	详见附录 B 通用施工信息属性组
		地基压实度	△	▲	▲	
		管涵内径	△	△	▲	
		底面高程	○	△	▲	
		高强螺栓扭矩	△	△	▲	
		工地防腐涂层	○	△	▲	
箱涵浇筑	箱涵节段	设计信息	▲	▲		继承 L3.0 模型的设计信息
		进度信息			▲	详见附录 B 通用施工信息属性组
		安全信息			▲	详见附录 B 通用施工信息属性组
		成本信息			▲	详见附录 B 通用施工信息属性组
		混凝土强度	△	▲	▲	
		净高	○	△	▲	
		净宽	○	△	▲	
		顶板厚	△	▲	▲	
		侧墙和底板板厚	△	▲	▲	
		平整度	○	△	▲	
拱涵浇（砌）筑	拱涵节段	设计信息	▲	▲		继承 L3.0 模型的设计信息
		进度信息			▲	详见附录 B 通用施工信息属性组
		安全信息			▲	详见附录 B 通用施工信息属性组
		成本信息			▲	详见附录 B 通用施工信息属性组
		混凝土或砂浆强度	△	▲	▲	
		拱圈厚度	△	▲	▲	
		内弧线偏离设计弧线	○	△	▲	

续表 A-4

单位、分部、分项工程	模型构件	模型信息	L3.5	L4.0	L5.0	备 注
涵洞、通道	倒虹吸竖井、集水井砌筑	倒虹吸竖井、集水井	设计信息	▲			继承 L3.0 模型的设计信息
		进度信息	△	▲		详见附录 B 通用施工信息属性组
		安全信息	○			详见附录 B 通用施工信息属性组
		成本信息	○	△		详见附录 B 通用施工信息属性组
		砂浆强度	△	△	▲	
		井底高程	△	▲	▲	
		井口高程	△	▲	▲	
		圆井直径或方井边长	▲	▲	▲	
		井壁			▲	
		井底厚			▲	
	一字墙和八字墙	一字墙、八字墙	设计信息	△	▲		继承 L3.0 模型的设计信息
		进度信息	○	△	▲	详见附录 B 通用施工信息属性组
		安全信息	○	▲	▲	详见附录 B 通用施工信息属性组
		成本信息	△	▲	▲	详见附录 B 通用施工信息属性组
		混凝土或砂浆强度	▲	▲	▲	
		平面位置			▲	
		顶面高程			▲	
		坡度			▲	
		断面尺寸			▲	
	涵洞填土	填土	设计信息	▲	▲		继承 L3.0 模型的设计信息
		进度信息	△	△	▲	详见附录 B 通用施工信息属性组
		安全信息			▲	详见附录 B 通用施工信息属性组
		成本信息			▲	详见附录 B 通用施工信息属性组
		压实度	△	▲	▲	
		填土长度	△	▲		

续表 A-4

单位、分部、分项工程	模型构件	模型信息	L3.5	L4.0	L5.0	备注
涵洞、通道	砌体坡面结构	设计信息	▲	▲	▲	继承 L3.0 模型的设计信息
		进度信息			▲	详见附录 B 通用施工信息属性组
		安全信息			▲	详见附录 B 通用施工信息属性组
		成本信息			▲	详见附录 B 通用施工信息属性组
		砂浆强度	△	▲		
		顶面高程	○	△		
		表面平整度	△	△		
		坡度	○	△		
		厚度或断面尺寸	△	△		
		砌格间距		△		
钢筋加工及安装	钢筋	设计信息	▲	▲	▲	继承 L3.0 模型的设计信息
		进度信息			▲	详见附录 B 通用施工信息属性组
		安全信息			▲	详见附录 B 通用施工信息属性组
		成本信息			▲	详见附录 B 通用施工信息属性组
		受力钢筋、构造钢筋、螺旋筋间距	△	△		
		钢筋骨架尺寸——宽、高或直径	△	▲		
		弯起钢筋位置	△	△		
		保护层厚度	△	△		
顶进施工的涵洞	混凝土涵管节段（顶进施工）	设计信息	▲	▲	▲	继承 L3.0 模型的设计信息
		进度信息			▲	详见附录 B 通用施工信息属性组
		安全信息			▲	详见附录 B 通用施工信息属性组
		成本信息			▲	详见附录 B 通用施工信息属性组
		轴线偏位	○	△		
		高程	○	△		
		相邻两节高差				

注：表中▲表示应具备的信息；△表示宜具备的信息；○表示可具备的信息。

表 A-5 交通安全设施模型精细度

单位、分部、分项工程	模型构件	模型信息	L3.5	L4.0	L5.0	备注
交通安全设施	标志、标线、突起路标、轮廓标	设计信息	▲	▲	▲	继承 L3.0 模型的设计信息
		进度信息			▲	详见附录 B 通用施工信息属性组
		安全信息			▲	详见附录 B 通用施工信息属性组
		成本信息			▲	详见附录 B 通用施工信息属性组
	交通标志	标志面反光膜逆反射系数	△	▲	▲	
		标志板下缘至路面净空高度	○	△	▲	
		柱式标志板、悬臂式和门架式标志立柱的内边缘距土路肩边缘线距离	○	△	▲	
		立柱垂直度	○	△	▲	
		基础顶面平整度	△	▲	▲	
		标志基础尺寸	▲	▲	▲	
	交通标线	设计信息			▲	继承 L3.0 模型的设计信息
		进度信息			▲	详见附录 B 通用施工信息属性组
		安全信息			▲	详见附录 B 通用施工信息属性组
		成本信息			▲	详见附录 B 通用施工信息属性组
		标线线段长度	△	▲	▲	
		标线宽度	△	▲	▲	
		标线厚度	○	▲	▲	
		标线横向偏位	○	△	▲	
		标线纵向间距	○	△	▲	
		逆反射亮度系数 R_L	△	▲	▲	
		抗滑值（BPN）	△	▲	▲	

续表 A-5

单位、分部、分项工程	模型构件	模型信息	L3.5	L4.0	L5.0	备 注
交通安全设施	标志、标线、突起路标、轮廓标	突起路标	设计信息	▲	▲		继承 L3.0 模型的设计信息
			进度信息		▲		详见附录 B 通用施工信息属性组
			安全信息			▲	详见附录 B 通用施工信息属性组
			成本信息			▲	详见附录 B 通用施工信息属性组
			安装角度	△	▲	▲	
			纵向间距	○	△	▲	
			横向偏位	○	△	▲	
		轮廓标	设计信息	▲	▲		继承 L3.0 模型的设计信息
			进度信息			▲	详见附录 B 通用施工信息属性组
			安全信息			▲	详见附录 B 通用施工信息属性组
			成本信息			▲	详见附录 B 通用施工信息属性组
			安装角度	△	▲	▲	
			反射器中心高度	△	▲	▲	
			柱式轮廓标竖直度	○	△	▲	
	护栏	波形梁钢护栏	设计信息	▲	▲		继承 L3.0 模型的设计信息
			进度信息			▲	详见附录 B 通用施工信息属性组
			安全信息			▲	详见附录 B 通用施工信息属性组
			成本信息			▲	详见附录 B 通用施工信息属性组
			波形梁板基底金属厚度	△	▲	▲	
			立柱基底金属壁厚	△	▲	▲	
			横梁中心高度	○	△	▲	
			立柱中距	○	△	▲	
			立柱竖直度	○	△	▲	
			立柱外边缘距土路肩边线距离	○	△	▲	
			立柱埋置深度	○	△	▲	
			螺栓终拧扭矩	△	▲	▲	

续表 A-5

单位、分部、分项工程	模型构件	模型信息	L3.5	L4.0	L5.0	备注
交通安全设施	护栏	混凝土护栏	设计信息	▲			继承 L3.0 模型的设计信息
			进度信息		▲		详见附录 B 通用施工信息属性组
			安全信息		▲		详见附录 B 通用施工信息属性组
			成本信息		▲		详见附录 B 通用施工信息属性组
			护栏断面高度	△	▲	▲	
			护栏断面顶宽	△	▲	▲	
			护栏断面底宽	△	▲	▲	
			钢筋骨架尺寸	△	▲	▲	
			横向偏位	○	△	▲	
			基础厚度	○	△	▲	
			护栏混凝土强度	△	▲	▲	
			混凝土护栏块件之间的错位	○	△	▲	
		缆索护栏	设计信息	▲			继承 L3.0 模型的设计信息
			进度信息		▲		详见附录 B 通用施工信息属性组
			安全信息		▲		详见附录 B 通用施工信息属性组
			成本信息		▲		详见附录 B 通用施工信息属性组
			初张力	△	▲	▲	
			最下一根缆索的高度	○	△	▲	
			立柱中距	△	▲	▲	
			立柱竖直度	○	△	▲	
			立柱埋置深度	○	△	▲	
			混凝土基础尺寸	△	▲	▲	

续表 A-5

单位、分部、分项工程	模型构件	模型信息	L3.5	L4.0	L5.0	备注
交通安全设施	护栏	中央分隔带开口护栏	设计信息	▲	▲	▲	继承 L3.0 模型的设计信息
			进度信息			▲	详见附录 B 通用施工信息属性组
			安全信息			▲	详见附录 B 通用施工信息属性组
			成本信息			▲	详见附录 B 通用施工信息属性组
			高度	△	△		
			漆层厚度	△	△		
	防眩设施	防眩板、防眩网	设计信息	▲	▲	▲	继承 L3.0 模型的设计信息
			进度信息			▲	详见附录 B 通用施工信息属性组
			安全信息			▲	详见附录 B 通用施工信息属性组
			成本信息			▲	详见附录 B 通用施工信息属性组
			安装高度	△	△		
			防眩板设置间距竖直度	○	△		
			防眩网网孔尺寸	○	△		
	隔离栅和防落物网	隔离栅、防落物网	设计信息	▲	▲	▲	继承 L3.0 模型的设计信息
			进度信息			▲	详见附录 B 通用施工信息属性组
			安全信息			▲	详见附录 B 通用施工信息属性组
			成本信息			▲	详见附录 B 通用施工信息属性组
			高度	△	△		
			刺钢丝的中心垂度	○	△		
			立柱中距	△	△		
			立柱竖直度	○	△		
			立柱埋置深度	○	△		

续表 A-5

单位、分部、分项工程	模型构件	模型信息	L3.5	L4.0	L5.0	备注
里程碑和百米桩	里程碑、百米桩	设计信息	▲	▲		继承 L3.0 模型的设计信息
		进度信息			▲	详见附录 B 通用施工信息属性组
		安全信息				详见附录 B 通用施工信息属性组
		成本信息				详见附录 B 通用施工信息属性组
		外形尺寸	△	▲		
		字体	△	▲		
		字体碑竖直度	△	△		
		里程碑竖直度	○	△		
交通安全设施	避险车道	设计信息				继承 L3.0 模型的设计信息
		进度信息			▲	详见附录 B 通用施工信息属性组
		安全信息	△	▲		详见附录 B 通用施工信息属性组
		成本信息			▲	详见附录 B 通用施工信息属性组
		避险车道宽度	△	▲		
		制动床长度	△	▲		
		制动床集料厚度	△	△		
		坡度	○	△		

注：表中▲表示应具备的信息；△表示宜具备的信息；○表示可具备的信息。

表 A-6 交通机电工程及附属设施模型精细度

单位、分部、分项工程	模型构件	模型信息	L3.5	L4.0	L5.0	备注
交通机电工程及附属设施	通用设备					
	服务器	设计信息	▲	▲	▲	继承 L3.0 模型的设计信息
		进度信息				详见附录 B 通用施工信息属性组
		安全信息		△		详见附录 B 通用施工信息属性组
		成本信息		△		详见附录 B 通用施工信息属性组
		安装位置	○	△	▲	
		设备数量	○	△	▲	
		设备型号	△	▲	▲	
		安装高度	○	△	▲	
	计算机	设计信息	▲	▲	▲	继承 L3.0 模型的设计信息
		进度信息				详见附录 B 通用施工信息属性组
		安全信息				详见附录 B 通用施工信息属性组
		成本信息				详见附录 B 通用施工信息属性组
		安装位置	○	△	▲	
		设备数量	○	△	▲	
		设备型号	△	▲	▲	
	显示器	设计信息	▲	▲	▲	继承 L3.0 模型的设计信息
		进度信息				详见附录 B 通用施工信息属性组
		安全信息				详见附录 B 通用施工信息属性组
		成本信息				详见附录 B 通用施工信息属性组
		安装位置	○	△	▲	
		设备数量	○	△	▲	
		设备型号	△	▲	▲	

续表 A-6

单位、分部、分项工程	模型构件	模型信息	L3.5	L4.0	L5.0	备 注
交通机电工程及附属设施	打印机	设计信息				继承 L3.0 模型的设计信息
		进度信息				详见附录 B 通用施工信息属性组
		安全信息				详见附录 B 通用施工信息属性组
		成本信息				详见附录 B 通用施工信息属性组
		安装位置	○	△		
		设备数量	○	△		
		设备型号	△	▲	▲	
	空调	设计信息	▲	▲	▲	继承 L3.0 模型的设计信息
		进度信息				详见附录 B 通用施工信息属性组
		安全信息				详见附录 B 通用施工信息属性组
		成本信息				详见附录 B 通用施工信息属性组
		安装位置	○	△	▲	
		设备数量	○	△	▲	
		设备型号	△	▲	▲	
	大屏幕	设计信息	▲			继承 L3.0 模型的设计信息
		进度信息				详见附录 B 通用施工信息属性组
		安全信息				详见附录 B 通用施工信息属性组
		成本信息				详见附录 B 通用施工信息属性组
		安装位置	○	△		
		设备数量	○	△	▲	
		设备型号	△	▲	▲	

续表 A-6

单位、分部、分项工程	模型构件	模型信息	L3.5	L4.0	L5.0	备注
交通机电工程及附属设施	通用设备	操作台	设计信息	▲			继承 L3.0 模型的设计信息
			进度信息				详见附录 B 通用施工信息属性组
			安全信息				详见附录 B 通用施工信息属性组
			成本信息				详见附录 B 通用施工信息属性组
			安装位置	○	△		
			设备数量	△	△		
			设备型号	△	▲		
			安装高度	△	▲		
		IP-SAN 磁盘阵列	设计信息	▲			继承 L3.0 模型的设计信息
			进度信息				详见附录 B 通用施工信息属性组
			安全信息	○	△		详见附录 B 通用施工信息属性组
			成本信息	○	△		详见附录 B 通用施工信息属性组
			安装位置	△	▲		
			设备数量	▲		▲	
		硬盘录像机	设计信息				
			进度信息	○		▲	
			安全信息	○		▲	
			成本信息	△	△	▲	
			设备型号	△	▲	▲	

续表 A-6

单位、分部、分项工程	模型构件	模型信息	L3.5	L4.0	L5.0	备 注
交通机电工程及附属设施	视频编解码器	设计信息	▲	▲	▲	继承 L3.0 模型的设计信息
		进度信息				详见附录 B 通用施工信息属性组
		安全信息				详见附录 B 通用施工信息属性组
		成本信息				详见附录 B 通用施工信息属性组
		安装位置	○	△	▲	
		设备数量	○	△	▲	
		安装高度	△	▲	▲	
		设备型号	△	▲	▲	
	以太网交换机	设计信息	▲	▲	▲	继承 L3.0 模型的设计信息
		进度信息	○	△	▲	详见附录 B 通用施工信息属性组
		安全信息	○	△	▲	详见附录 B 通用施工信息属性组
		成本信息	△	▲	▲	详见附录 B 通用施工信息属性组
		安装位置	△	▲	▲	
	通用设备					
	光纤收发器	设计信息	▲	▲	▲	继承 L3.0 模型的设计信息
		进度信息				详见附录 B 通用施工信息属性组
		安全信息				详见附录 B 通用施工信息属性组
		成本信息				详见附录 B 通用施工信息属性组
		安装位置	○	△	▲	
		设备数量	○	△	▲	
		安装高度	△	▲	▲	
		设备型号	△	▲	▲	

续表 A-6

单位、分部、分项工程	模型构件	模型信息	I3.5	I4.0	I5.0	备注
交通机电工程及附属设施	以太网光端机	设计信息	▲	▲	▲	继承 I3.0 模型的设计信息
		进度信息				详见附录 B 通用施工信息属性组
		安全信息				详见附录 B 通用施工信息属性组
		成本信息				详见附录 B 通用施工信息属性组
		安装位置	○	△		
		设备数量	○	△	▲	
		安装高度	△	▲	▲	
		设备型号	△	▲	▲	
	可变信息标志	设计信息	▲	▲	▲	继承 I3.0 模型的设计信息
		进度信息				详见附录 B 通用施工信息属性组
		安全信息				详见附录 B 通用施工信息属性组
		成本信息				详见附录 B 通用施工信息属性组
		安装位置	○	△	▲	
		设备数量	○	△	▲	
		安装高度	△	▲	▲	
		设备型号	△	▲	▲	
	通用设备 摄像机	设计信息	▲	▲	▲	继承 I3.0 模型的设计信息
		进度信息				详见附录 B 通用施工信息属性组
		安全信息				详见附录 B 通用施工信息属性组
		成本信息				详见附录 B 通用施工信息属性组
		安装位置	○	△	▲	
		设备数量	○	△	▲	
		安装高度	△	▲	▲	
		设备型号	△	▲	▲	

续表 A-6

单位、分部、分项工程	模型构件	模型信息	L3.5	L4.0	L5.0	备注
交通机电工程及附属设施	通用设备	车辆检测器	设计信息	▲			继承 L3.0 模型的设计信息
			进度信息				详见附录 B 通用施工信息属性组
			安全信息				详见附录 B 通用施工信息属性组
			成本信息				详见附录 B 通用施工信息属性组
			安装位置	○	△	▲	
			设备数量	○	△	▲	
			安装高度	△	▲	▲	
			设备型号	△	▲	▲	
		信号灯	设计信息	▲			继承 L3.0 模型的设计信息
			进度信息				详见附录 B 通用施工信息属性组
			安全信息				详见附录 B 通用施工信息属性组
			成本信息				详见附录 B 通用施工信息属性组
			安装位置	○	△	▲	
			设备数量	○	△	▲	
			安装高度	△	▲	▲	
			设备型号	▲	▲	▲	
	监控设备	气象检测器	设计信息				继承 L3.0 模型的设计信息
			进度信息				详见附录 B 通用施工信息属性组
			安全信息				详见附录 B 通用施工信息属性组
			成本信息				详见附录 B 通用施工信息属性组
			安装位置	○	△	▲	
			设备数量	○	△	▲	
			安装高度	△	▲	▲	
			设备型号	△	▲	▲	

续表 A-6

单位、分部、分项工程	模型构件	模型信息	L3.5	L4.0	L5.0	备注
交通机电工程及附属设施	环境检测器	设计信息	▲	▲	▲	继承 L3.0 模型的设计信息
		进度信息				详见附录 B 通用施工信息属性组
		安全信息				详见附录 B 通用施工信息属性组
		成本信息				详见附录 B 通用施工信息属性组
		安装位置	○	△	▲	
		设备数量	△	△	▲	
		安装高度	△	▲	▲	
		设备型号	▲	▲	▲	
	区域控制器	设计信息	▲	▲	▲	继承 L3.0 模型的设计信息
		进度信息	○	△	▲	详见附录 B 通用施工信息属性组
		安全信息	○	▲	▲	详见附录 B 通用施工信息属性组
		成本信息	△	▲	▲	详见附录 B 通用施工信息属性组
		安装位置	▲	▲	▲	
		设计信息				继承 L3.0 模型的设计信息
		进度信息				详见附录 B 通用施工信息属性组
		安全信息				详见附录 B 通用施工信息属性组
		成本信息				详见附录 B 通用施工信息属性组
	车道指示器	安装位置	○	△	▲	
		设备数量	○	△	▲	
		安装高度	△	▲	▲	
		设备型号	△	▲	▲	

监控设备

续表 A-6

单位、分部、分项工程	模型构件	模型信息	L3.5	L4.0	L5.0	备 注
交通机电工程及附属设施	监控设备	紧急电话及广播	设计信息	▲	▲	▲	继承 L3.0 模型的设计信息
			进度信息			▲	详见附录 B 通用施工信息属性组
			安全信息	○	△	▲	详见附录 B 通用施工信息属性组
			成本信息	○	△	▲	详见附录 B 通用施工信息属性组
			安装位置	△	▲	▲	
			设备数量	△	▲	▲	
			安装高度	△	▲	▲	
			设备型号	▲	▲	▲	
		火灾探测报警设施	设计信息				继承 L3.0 模型的设计信息
			进度信息	○	△	▲	详见附录 B 通用施工信息属性组
			安全信息	○	△	▲	详见附录 B 通用施工信息属性组
			成本信息	△	▲	▲	详见附录 B 通用施工信息属性组
			安装位置	△	▲	▲	
			设备数量	▲	▲	▲	
			安装高度				
			设备型号				
		备用电源	设计信息				继承 L3.0 模型的设计信息
			进度信息				详见附录 B 通用施工信息属性组
			安全信息				详见附录 B 通用施工信息属性组
			成本信息				详见附录 B 通用施工信息属性组
			安装位置	○	△	▲	
			设备数量	○	▲	▲	
			安装高度	△	▲	▲	
			设备型号	△	▲	▲	

续表 A-6

单位、分部、分项工程	模型构件	模型信息	L3.5	L4.0	L5.0	备 注
交通机电工程及附属设施	车道控制器	设计信息	▲	▲	▲	继承 L3.0 模型的设计信息
		进度信息		▲		详见附录 B 通用施工信息属性组
		安全信息				详见附录 B 通用施工信息属性组
		成本信息				详见附录 B 通用施工信息属性组
		安装位置	○	△		
		设备数量	○	△		
		安装高度	△	▲	▲	
		设备型号	△	▲	▲	
	车牌自动识别设备	设计信息	▲	▲	▲	继承 L3.0 模型的设计信息
		进度信息				详见附录 B 通用施工信息属性组
		安全信息				详见附录 B 通用施工信息属性组
		成本信息				详见附录 B 通用施工信息属性组
		安装位置	○	△	▲	
		设备数量	○	△	▲	
		安装高度	△	▲	▲	
		设备型号	△	▲	▲	
	光栅分车器	设计信息	▲	▲	▲	继承 L3.0 模型的设计信息
		进度信息				详见附录 B 通用施工信息属性组
		安全信息				详见附录 B 通用施工信息属性组
		成本信息				详见附录 B 通用施工信息属性组
		安装位置	○	△	▲	
		设备数量	○	△	▲	
		安装高度	△	▲	▲	
		设备型号	△	▲	▲	

续表 A-6

单位、分部、分项工程	模型构件	模型信息	L3.5	L4.0	L5.0	备注
交通机电工程及附属设施	收费设备	计重设备	设计信息	▲			继承 L3.0 模型的设计信息
			进度信息			▲	详见附录 B 通用施工信息属性组
			安全信息			▲	详见附录 B 通用施工信息属性组
			成本信息			▲	详见附录 B 通用施工信息属性组
			安装位置	○	△	▲	
			设备数量	○	△	▲	
			安装高度	△	▲	▲	
			设备型号	△	▲	▲	
		栏杆	设计信息	▲			继承 L3.0 模型的设计信息
			进度信息			▲	详见附录 B 通用施工信息属性组
			安全信息			▲	详见附录 B 通用施工信息属性组
			成本信息			▲	详见附录 B 通用施工信息属性组
			安装位置	○	△	▲	
			设备数量	○	△	▲	
			安装高度	△	▲	▲	
			设备型号	△	▲	▲	
		费额显示器	设计信息	▲			继承 L3.0 模型的设计信息
			进度信息			▲	详见附录 B 通用施工信息属性组
			安全信息			▲	详见附录 B 通用施工信息属性组
			成本信息			▲	详见附录 B 通用施工信息属性组
			安装位置	○	△	▲	
			设备数量	○	△	▲	
			安装高度	△	▲	▲	
			设备型号	△	▲	▲	

续表 A-6

单位、分部、分项工程	模型构件	模型信息	L3.5	L4.0	L5.0	备注
交通机电工程及附属设施	自动发卡机	设计信息	▲	▲	▲	继承 L3.0 模型的设计信息
		进度信息				详见附录 B 通用施工信息属性组
		安全信息	○	△		详见附录 B 通用施工信息属性组
		成本信息	○	△		详见附录 B 通用施工信息属性组
		安装位置	△	▲		
		设备数量	▲	▲	▲	
		安装高度			▲	
		设备型号			▲	
	投包机	设计信息	▲	▲	▲	继承 L3.0 模型的设计信息
		进度信息	○	△		详见附录 B 通用施工信息属性组
		安全信息	○	△		详见附录 B 通用施工信息属性组
		成本信息	△	▲		详见附录 B 通用施工信息属性组
		安装位置	▲	▲	▲	
		设备数量			▲	
		安装高度			▲	
		设备型号			▲	
	对讲及广播设施	设计信息	▲	▲	▲	继承 L3.0 模型的设计信息
		进度信息				详见附录 B 通用施工信息属性组
		安全信息				详见附录 B 通用施工信息属性组
		成本信息				详见附录 B 通用施工信息属性组
		安装位置	○	△		
		设备数量	○	△		
		安装高度	△	▲	▲	
		设备型号	△		▲	

续表 A-6

单位、分部、分项工程	模型构件	模型信息	L3.5	L4.0	L5.0	备注
交通机电工程及附属设施	通信设备	干线传输设备	设计信息	▲	▲	▲	继承 L3.0 模型的设计信息
			进度信息			▲	详见附录 B 通用施工信息属性组
			安全信息			▲	详见附录 B 通用施工信息属性组
			成本信息			▲	详见附录 B 通用施工信息属性组
			安装位置	○	△	▲	
			设备数量	○	△	▲	
			安装高度	△	▲	▲	
			设备型号	△	▲	▲	
		光纤线路终端	设计信息	▲	▲	▲	继承 L3.0 模型的设计信息
			进度信息			▲	详见附录 B 通用施工信息属性组
			安全信息			▲	详见附录 B 通用施工信息属性组
			成本信息			▲	详见附录 B 通用施工信息属性组
			安装位置	○	△	▲	
			设备数量	△	▲	▲	
			安装高度	△	▲	▲	
			设备型号	▲	▲	▲	
		光纤网络单元	设计信息	▲	▲	▲	继承 L3.0 模型的设计信息
			进度信息			▲	详见附录 B 通用施工信息属性组
			安全信息			▲	详见附录 B 通用施工信息属性组
			成本信息			▲	详见附录 B 通用施工信息属性组
			安装位置	○	△	▲	
			设备数量	○	△	▲	
			安装高度	△	▲	▲	
			设备型号	△	▲	▲	

续表 A-6

单位、分部、分项工程	模型构件	模型信息	L3.5	L4.0	L5.0	备注
交通机电工程及附属设施	通信设备	综合语音接入网关	设计信息	▲			继承 L3.0 模型的设计信息
			进度信息		▲		详见附录 B 通用施工信息属性组
			安全信息		△		详见附录 B 通用施工信息属性组
			成本信息		△		详见附录 B 通用施工信息属性组
			安装位置	○	△	▲	
			设备数量	○	△	▲	
			安装高度	△	▲	▲	
			设备型号	△	▲	▲	
		数字程控交换机	设计信息	▲			继承 L3.0 模型的设计信息
			进度信息		▲		详见附录 B 通用施工信息属性组
			安全信息		△		详见附录 B 通用施工信息属性组
			成本信息		△		详见附录 B 通用施工信息属性组
			安装位置	○	△	▲	
			设备数量	○	△	▲	
			安装高度	△	▲	▲	
			设备型号	△	▲	▲	
		IAD 设备	设计信息	▲			继承 L3.0 模型的设计信息
			进度信息		▲		详见附录 B 通用施工信息属性组
			安全信息		△		详见附录 B 通用施工信息属性组
			成本信息		△		详见附录 B 通用施工信息属性组
			安装位置	○	△	▲	
			设备数量	○	△	▲	
			安装高度	△	▲	▲	
			设备型号	△	▲	▲	

续表 A-6

单位、分部、分项工程	模型构件	模型信息	L3.5	L4.0	L5.0	备注
交通机电工程及附属设施	电话	设计信息	▲			继承 L3.0 模型的设计信息
		进度信息			▲	详见附录 B 通用施工信息属性组
		安全信息				详见附录 B 通用施工信息属性组
		成本信息				详见附录 B 通用施工信息属性组
		安装位置	○	△	▲	
		设备数量	○	△	▲	
		安装高度	△	▲	▲	
		设备型号	△	▲	▲	
	配线设施	设计信息	▲			继承 L3.0 模型的设计信息
		进度信息			▲	详见附录 B 通用施工信息属性组
		安全信息			▲	详见附录 B 通用施工信息属性组
		成本信息				详见附录 B 通用施工信息属性组
		安装位置	○	△	▲	
		设备数量	○	△	▲	
		安装高度	△	▲	▲	
		设备型号	▲	▲	▲	
	高频开关电源	设计信息				继承 L3.0 模型的设计信息
		进度信息				详见附录 B 通用施工信息属性组
		安全信息				详见附录 B 通用施工信息属性组
		成本信息				详见附录 B 通用施工信息属性组
		安装位置	○	△	▲	
		设备数量	○	△	▲	
		安装高度	△	▲	▲	
		设备型号	△	▲	▲	

续表 A-6

单位、分部、分项工程	模型构件	模型信息	L3.5	L4.0	L5.0	备注
交通机电工程及附属设施	蓄电池组	设计信息	▲	▲		继承 L3.0 模型的设计信息
		进度信息			▲	详见附录 B 通用施工信息属性组
		安全信息		△	▲	详见附录 B 通用施工信息属性组
		成本信息		△	▲	详见附录 B 通用施工信息属性组
		安装位置	○	▲		
		设备数量	○	▲		
		安装高度	△	▲		
		设备型号	△	▲		
	高压柜	设计信息	▲	▲		继承 L3.0 模型的设计信息
		进度信息			▲	详见附录 B 通用施工信息属性组
		安全信息	○	△	▲	详见附录 B 通用施工信息属性组
		成本信息	○	▲	▲	详见附录 B 通用施工信息属性组
		安装位置	△	▲		
		设备数量	△	▲		
		安装高度	▲	▲		
		设备型号	▲	▲		
通信设备	低压柜	设计信息			▲	继承 L3.0 模型的设计信息
		进度信息			▲	详见附录 B 通用施工信息属性组
		安全信息			▲	详见附录 B 通用施工信息属性组
		成本信息			▲	详见附录 B 通用施工信息属性组
		安装位置	○	△		
		设备数量	○	△		
		安装高度	△	▲		
		设备型号	△	▲		

续表 A-6

单位、分部、分项工程	模型构件	模型信息	L3.5	L4.0	L5.0	备注
交通机电工程及附属设施	变压器	设计信息	▲	▲	▲	继承 L3.0 模型的设计信息
		进度信息				详见附录 B 通用施工信息属性组
		安全信息				详见附录 B 通用施工信息属性组
		成本信息				详见附录 B 通用施工信息属性组
		安装位置	○	△	▲	
		设备数量	○	△	▲	
		安装高度	△	▲	▲	
		设备型号	△	▲	▲	
通信设备	柴油发电机组	设计信息	○	△		继承 L3.0 模型的设计信息
		进度信息				详见附录 B 通用施工信息属性组
		安全信息	○	△	▲	详见附录 B 通用施工信息属性组
		成本信息	△	▲	▲	详见附录 B 通用施工信息属性组
		安装位置	▲	▲	▲	
		设备数量		△	▲	
		安装高度		△	▲	
		设备型号		▲	▲	
照明设备	照明灯具	设计信息		▲	▲	继承 L3.0 模型的设计信息
		进度信息				详见附录 B 通用施工信息属性组
		安全信息			▲	详见附录 B 通用施工信息属性组
		成本信息			▲	详见附录 B 通用施工信息属性组
		安装位置	○	△	▲	
		设备数量	○	△	▲	
		安装高度	△	▲	▲	
		设备型号	△	▲	▲	

续表 A-6

单位、分部、分项工程	模型构件	模型信息	L3.5	L4.0	L5.0	备注
交通机电工程及附属设施	通风设备	风机	设计信息	▲			继承 I3.0 模型的设计信息
			进度信息				详见附录 B 通用施工信息属性组
			安全信息				详见附录 B 通用施工信息属性组
			成本信息				详见附录 B 通用施工信息属性组
			安装位置	○	△	▲	
			设备数量	○	△	▲	
			安装高度	△	▲	▲	
			设备型号	△	▲	▲	
	消防设施	灭火器	设计信息	▲			继承 I3.0 模型的设计信息
			进度信息				详见附录 B 通用施工信息属性组
			安全信息				详见附录 B 通用施工信息属性组
			成本信息				详见附录 B 通用施工信息属性组
			安装位置	○	△	▲	
			设备数量	○	△	▲	
			安装高度	△	▲	▲	
			设备型号	△	▲	▲	
		消防栓箱	安装位置	○	△	▲	
			设备数量	○	△	▲	
			安装高度	△	▲	▲	
			设备型号	△	▲	▲	

续表 A-6

单位、分部、分项工程	模型构件	模型信息	L3.5	L4.0	L5.0	备注
交通机电工程及附属设施	灭火器箱	设计信息	▲	▲		继承 L3.0 模型的设计信息
		进度信息				详见附录 B 通用施工信息属性组
		安全信息				详见附录 B 通用施工信息属性组
		成本信息				详见附录 B 通用施工信息属性组
		安装位置	○	△	▲	
		设备数量	○	△	▲	
		安装高度	△	▲	▲	
		设备型号	△	▲	▲	
	消火栓	设计信息	▲	▲	▲	继承 L3.0 模型的设计信息
		进度信息				详见附录 B 通用施工信息属性组
		安全信息				详见附录 B 通用施工信息属性组
		成本信息				详见附录 B 通用施工信息属性组
		安装位置	○	△	▲	
		设备数量	○	△	▲	
		安装高度	△	▲	▲	
		设备型号	△	▲	▲	
	水泵	设计信息	▲			继承 L3.0 模型的设计信息
		进度信息				详见附录 B 通用施工信息属性组
		安全信息				详见附录 B 通用施工信息属性组
		成本信息				详见附录 B 通用施工信息属性组
		安装位置	○	△	▲	
		设备数量	○	△	▲	
		安装高度	△	▲	▲	
		设备型号	△	▲	▲	

消防设施

续表 A-6

单位、分部、分项工程	模型构件	模型信息	L3.5	L4.0	L5.0	备注
交通机电工程及附属设施	消防设施	防火门	设计信息	▲	▲	▲	继承 L3.0 模型的设计信息
			进度信息			▲	详见附录 B 通用施工信息属性组
			安全信息			▲	详见附录 B 通用施工信息属性组
			成本信息			▲	详见附录 B 通用施工信息属性组
			安装位置	○	△	▲	
			设备数量	○	△	▲	
			安装高度	△	▲	▲	
			设备型号	△	▲	▲	
			门洞尺寸	▲	▲	▲	
	线缆	光缆	设计信息	▲	▲	▲	继承 L3.0 模型的设计信息
			进度信息			▲	详见附录 B 通用施工信息属性组
			安全信息			▲	详见附录 B 通用施工信息属性组
			成本信息			▲	详见附录 B 通用施工信息属性组
			安装位置	○	△	▲	
			光缆数量	○	△	▲	
			光缆规格	△	▲	▲	
			光缆长度	○	△	▲	
			安装高度	△	▲	▲	
		通信电缆	设计信息	▲	▲	▲	继承 L3.0 模型的设计信息
			进度信息			▲	详见附录 B 通用施工信息属性组
			安全信息			▲	详见附录 B 通用施工信息属性组
			成本信息			▲	详见附录 B 通用施工信息属性组
			安装位置	○	△	▲	
			电缆数量	○	△	▲	
			电缆规格	△	▲	▲	
			电缆长度	○	▲	▲	
			安装高度	△	▲	▲	

续表 A-6

单位、分部、分项工程	模型构件	模型信息	L3.5	L4.0	L5.0	备注
交通机电工程及附属设施	电力电缆	设计信息	▲			继承 L3.0 模型的设计信息
		进度信息		▲		详见附录 B 通用施工信息属性组
		安全信息			▲	详见附录 B 通用施工信息属性组
		成本信息			▲	详见附录 B 通用施工信息属性组
		安装位置	○	△		
		电缆数量	○	▲		
		电缆规格	△	▲		
		电缆长度	○	▲		
		安装高度	△	▲		
	走线架桥架	设计信息	▲			继承 L3.0 模型的设计信息
		进度信息		▲		详见附录 B 通用施工信息属性组
		安全信息			▲	详见附录 B 通用施工信息属性组
		成本信息			▲	详见附录 B 通用施工信息属性组
		安装位置	○	▲		
		设备数量	○	△		
		规格	△	▲		
		坡度	△	▲		
		安装高度	▲			
支撑防护	管道	设计信息				继承 L3.0 模型的设计信息
		进度信息			▲	详见附录 B 通用施工信息属性组
		安全信息			▲	详见附录 B 通用施工信息属性组
		成本信息			▲	详见附录 B 通用施工信息属性组
		安装位置	○	△		
		管件数量	○	△		
		管件规格	△	▲		
		管道坡度	△	▲		
		安装高度	△	▲		

续表 A-6

单位、分部、分项工程	模型构件	模型信息	L3.5	L4.0	L5.0	备注
交通机电工程及附属设施	支撑防护 / 沟槽	设计信息	▲	▲	▲	继承 L3.0 模型的设计信息
		进度信息				详见附录 B 通用施工信息属性组
		安全信息				详见附录 B 通用施工信息属性组
		成本信息				详见附录 B 通用施工信息属性组
		安装位置	○	△		
		数量	○	△		
		平整度	△	▲	▲	
		底部高程	△	▲	▲	
声屏障工程	砌块体声屏障 / 砌块体声屏障	设计信息	▲	▲	▲	继承 L3.0 模型的设计信息
		进度信息				详见附录 B 通用施工信息属性组
		安全信息			▲	详见附录 B 通用施工信息属性组
		成本信息				详见附录 B 通用施工信息属性组
		砂浆强度	△	▲	▲	
		顶面高程	○	△	▲	
		墙体厚度	△	▲	▲	
		基础外露宽度	△	▲	▲	
		墙体竖直度	○	△	▲	
		顺直度	○	△	▲	
		表面平整度	○	△	▲	
	金属结构声屏障 / 金属结构声屏障	设计信息	▲	▲		继承 L3.0 模型的设计信息
		进度信息				详见附录 B 通用施工信息属性组
		安全信息				详见附录 B 通用施工信息属性组
		成本信息				详见附录 B 通用施工信息属性组

续表 A-6

单位、分部、分项工程	模型构件	模型信息	L3.5	L4.0	L5.0	备注
声屏障工程	金属结构声屏障	混凝土强度	△	▲	▲	
		顶面高程	○	△	▲	
		基础外露宽度	△	▲	▲	
		与路基边线位置偏移	○	△	▲	
		立柱中距	△	▲	▲	
		立柱竖直度	○	△	▲	
		立柱镀（涂）层厚度	○	△	▲	
		屏体表面镀（涂）层厚度	△	▲	▲	
		屏体背板厚度	○	△	▲	
		表面平整度	▲	▲	▲	
		设计信息				继承 L3.0 模型的设计信息
		进度信息	△	▲	▲	详见附录 B 通用施工信息属性组
		安全信息	○	▲	▲	详见附录 B 通用施工信息属性组
		成本信息	△	▲	▲	详见附录 B 通用施工信息属性组
	复合结构声屏障	混凝土强度	△	▲	▲	
		顶面高程	○	△	▲	
		屏体厚度	△	▲	▲	
		透明屏体厚度	△	▲	▲	
		基础肩边线位置偏移	○	△	▲	
		立柱中距	△	▲	▲	
		立柱竖直度	○	△	▲	
		金属立柱镀（涂）层厚度	○	△	▲	
		表面平整度	○	△	▲	

注：表中 ▲ 表示应具备的信息；△ 表示宜具备的信息；○ 表示可具备的信息。

条文说明

（1）表 A-1～表 A-6 是公路工程信息模型的精细度等级交付表。

（2）根据《公路工程信息模型应用统一标准》（JTG/T 2420—2021）有关规定，公路工程项目全生命期包括设计阶段、施工阶段、运维阶段。其中，施工阶段涉及施工准备、施工过程、交工验收三个子阶段，对应的模型精细度等级依次为 L3.5、L4.0、L5.0。

（3）表 A-1～表 A-6 中的信息模型的模型构件，是按照"单位工程、分部、分项、施工子项"层级管理原则有效组织模型架构，满足施工管理要求。

（4）表 A-1～表 A-6 中的信息模型的模型信息，需继承设计阶段 L3.0 的模型信息，并集成施工信息，主要包括质量信息、进度信息、安全信息、成本信息等。其中，质量信息需按照现行《公路工程质量检验评定标准 第一册 土建工程》（JTG F80/1）、《公路工程质量检验评定标准 第二册 机电工程》（JTG 2182）等相关技术标准进行创建，表 A-1～表 A-6 中仅作了关键信息的规定。进度信息、安全信息、成本信息采用通用施工信息属性组的方式表达，详见附录 B。

附录 B 通用施工信息属性组

表 B 通用施工信息属性组

属性组	属性名称	L3.5	L4.0	L5.0	备 注
人员信息	责任单位	△	▲	▲	
	负责人	△	▲	▲	
工法信息	工法名称	△	▲	○	
	工艺名称	△	▲	○	
	工序名称	○	△	○	
任务信息	任务名称	△	▲	○	
	任务编码	○	△	○	
人工信息	人工工种	△	▲	○	
	人工数量	△	▲	△	人工班组数量
	人工编码	○	△	○	
机械信息	机械种类	△	▲	▲	
	机械数量	△	▲	▲	机械台班数量
	机械编码	○	○	○	
材料信息	材料名称	△	▲	▲	
	材料种类	△	△	△	
	材料数量	△	▲	▲	
	材料编码	○	○	○	
进度信息	计划开始时间	△	▲	△	
	计划结束时间	△	▲	△	
	实际开始时间	○	▲	△	
	实际结束时间	○	▲	△	
安全信息	危险源	△	▲	▲	根据所属分部分项，参照现行《公路工程施工安全技术规范》（JTG F90）的要求
	安全作业要求	○	△	△	
	职业健康管理信息	○	○	○	

续表 B

属性组	属性名称	L3.5	L4.0	L5.0	备 注
成本信息	工程量清单项名称	△	▲	▲	
	工程量清单项编码	△	▲	△	
	工程量清单项工程量	△	▲	▲	
	工程量清单项综合单价	○	○	○	
	定额项名称	○	△	△	根据所属分部分项，参照现行《公路工程预算定额》（JTG/T 3832）的要求
	定额项编码	○	○	○	
	定额项单价	○	○	○	
文档信息	文档名称	○	▲	▲	施工进度、质量、安全管理的过程文档，如施工日志、检验批等
	文档类别	△	▲	▲	
	文档编码	○	△	△	
钢筋加工信息	数量	△	○	○	
	边长	△	○	○	
	角度	△	○	○	
	边长补偿	△	○	○	
	角度补偿	△	○	○	
	反弯	△	○	○	（是，否）
	圆弧	△	○	○	（是，否）
	回缩	△	○	○	（是，否）

注：表中▲表示应具备的信息；△表示宜具备的信息；○表示可具备的信息。

附录C 临时工程模型精细度

表C 临时工程模型精细度

设施	模型信息/子设施		L3.5	L4.0	L5.0	备注
驻地	模型信息	几何信息	▲	▲	○	
		位置	▲	▲	○	
		场地面积	▲	▲	○	
		材料	△	△	○	
		工程量	▲	▲	○	
		功能区域	△	△	○	如生活区、办公区等
	子设施	办公场地及设施	▲	▲	○	
		宿舍场地及设施	▲	▲	○	
		厨房	○	△	○	
		设备	○	△	○	
		硬化场地和道路	▲	▲	○	
		绿植	○	△	○	
试验室	模型信息	几何信息	▲	▲	○	
		位置	▲	▲	○	
		场地面积	▲	▲	○	
		材料	△	△	○	
		工程量	▲	▲	○	
		功能区域	△	△	○	
	子设施	办公场地及设施	▲	▲	○	
		试验场地及设施	▲	▲	○	
		试验设备	△	△	○	
		硬化场地和道路	▲	▲	○	
拌和站	模型信息	几何信息	▲	▲	○	
		位置	▲	▲	○	
		场地面积	▲	▲	○	
		材料	△	△	○	
		工程量	▲	▲	○	
		功能区域	△	△	○	

续表 C

设施	模型信息/子设施		L3.5	L4.0	L5.0	备 注
拌和站	子设施	办公场地及设施	▲	▲	○	
		堆场及设施	▲	▲	○	
		设备	△	△	○	
		硬化场地和道路	▲	▲	○	
钢筋加工厂	模型信息	几何信息	▲	▲	○	
		位置	▲	▲	○	
		场地面积	▲	▲	○	
		材料	△	△	○	
		工程量	▲	▲	○	
		功能区域	△	△	○	
	子设施	办公场地及设施	▲	▲	○	
		设备	△	△	○	
		堆场及设施	▲	▲	○	
		硬化场地和道路	▲	▲	○	
预制场	模型信息	几何信息	▲	▲	○	
		位置	▲	▲	○	
		场地面积	▲	▲	○	
		材料	△	△	○	
		工程量	▲	▲	○	
		功能区域	△	△	○	
	子设施	办公场地及设施	▲	▲	○	
		设备	△	△	○	
		堆场及设施	▲	▲	○	
		硬化场地和道路	▲	▲	○	
施工便桥	模型信息	几何信息	▲	▲	○	
		位置	▲	▲	○	
		纵断高程	△	△	○	
		平整度	○	○	○	
		材料	△	△	○	
		工程量	▲	▲	○	
		承重	○	○	○	
	子设施	钢栈桥	▲	▲	○	
		浮桥	▲	▲	○	

续表 C

设施	模型信息/子设施		L3.5	L4.0	L5.0	备注
施工便道	模型信息	几何信息	▲	▲	○	
		纵断高程	△	△	○	
		压实度	○	○	○	
		平整度	○	○	○	
		位置	▲	▲	○	
		材料	△	△	○	
		工程量	▲	▲	○	
	子设施	路面	▲	▲	○	
		路基	▲	▲	○	
		涵洞	▲	▲	○	
		地基处理	▲	▲	○	
施工平台	模型信息	几何信息	▲	▲	○	
		位置	▲	▲	○	
		材料	△	△	○	
		工程量	▲	▲	○	
		承载能力	▲	▲	○	
		零件强度	○	○	○	
		稳定性	△	△	○	
	子设施	挂篮	▲	▲	○	
		猫道	▲	▲	○	
		台车	▲	▲	○	
支架工程	模型信息	几何信息	▲	▲	○	
		位置	▲	▲	○	
		平整度	○	○	○	
		材料	△	△	○	
		工程量	▲	▲	○	
		承载能力	△	△	○	
	子设施	满堂支架	▲	▲	○	
		少支架	▲	▲	○	
		移动支架	▲	▲	○	
模板工程	模型信息	几何信息	▲	▲	○	
		位置	▲	▲	○	
		平整度	△	△	○	
		材料	△	△	○	

续表C

设施	模型信息/子设施		I3.5	I4.0	I5.0	备注
模板工程	模型信息	工程量	▲	▲	○	
		刚度	△	△	○	
		稳定性	○	○	○	
		观感质量	△	△	○	
	子设施	套箱	▲	▲	○	
		衬砌模板	▲	▲	○	
围堰工程	模型信息	几何信息	▲	▲	○	
		位置	▲	▲	○	
		材料	△	△	○	
		工程量	▲	▲	○	
		稳定性	○	○	○	
		垂直度	○	○	○	
	子设施	土石围堰	▲	▲	○	
		木板桩围堰	▲	▲	○	
		钢板桩围堰	▲	▲	○	
		锁扣钢柱围堰	▲	▲	○	
临时安全设施	模型信息	几何信息	▲	▲	○	
		位置	▲	▲	○	
		材料	△	△	○	
		工程量	▲	▲	○	
	子设施	护栏	▲	▲	○	
		护网	▲	▲	○	
		围墙	▲	▲	○	
		爬梯	▲	▲	○	
		厂棚	▲	▲	○	
		防护墩	▲	▲	○	
临时支护结构	模型信息	几何信息	▲	▲	○	
		位置	▲	▲	○	
		材料	△	△	○	
		工程量	▲	▲	○	
	子设施	支撑	▲	▲	○	
		挡墙	▲	▲	○	
		锚杆	▲	▲	○	

续表 C

设施	模型信息/子设施		L3.5	L4.0	L5.0	备注
其他构筑物	模型信息	几何信息	▲	▲	○	
		位置	▲	▲	○	
		材料	△	△	○	
		工程量	▲	▲	○	
	子设施	临时支座	▲	▲	○	
		石块	▲	▲	○	
		砌体	▲	▲	○	
		管道	▲	▲	○	

注：表中▲表示应具备的信息；△表示宜具备的信息；○表示可具备的信息。

本标准用词用语说明

1 本标准执行严格程度的用词，采用下列写法：
1）表示很严格，非这样做不可的用词，正面词采用"必须"，反面词采用"严禁"；
2）表示严格，在正常情况下均应这样做的用词，正面词采用"应"，反面词采用"不应"或"不得"；
3）表示允许稍有选择，在条件许可时首先应这样做的用词，正面词采用"宜"，反面词采用"不宜"；
4）表示有选择，在一定条件下可以这样做的用词，采用"可"。

2 引用标准的用语采用下列写法：
1）在标准总则中表述与相关标准的关系时，采用"除应符合本标准的规定外，尚应符合国家和行业现行有关标准的规定"。
2）在标准条文及其他规定中，当引用的标准为国家标准和行业标准时，表述为"应符合《××××××》（×××）的有关规定"。
3）当引用本标准中的其他规定时，表述为"应符合本标准第×章的有关规定"、"应符合本标准第×.×节的有关规定"、"应符合本标准第×.×.×条的有关规定"或"应按本标准第×.×.×条的有关规定执行"。

公路工程现行标准规范一览表

(2021 年 4 月)

序号	类别	编号	书名(书号)	定价(元)
1	基础	JTG 1001—2017	公路工程标准体系(14300)	20.00
2		JTG A02—2013	公路工程行业标准制修订管理导则(10544)	15.00
3		JTG A04—2013	公路工程标准编写导则(10538)	20.00
4		JTG B01—2014	公路工程技术标准(活页夹版,11814)	98.00
5		JTG B01—2014	公路工程技术标准(平装版,11829)	68.00
6		JTG 2111—2019	小交通量农村公路工程技术标准(15372)	50.00
7		JTG 2120—2020	公路工程结构可靠性设计统一标准(16532)	50.00
8		JTG B02—2013	公路工程抗震规范(11120)	45.00
9		JTG/T 2231-01—2020	公路桥梁抗震设计规范(16483)	80.00
10		JTG/T 2231-02—2021	公路桥梁抗震性能评价细则(16433)	40.00
11		JTG 2232—2019	公路隧道抗震设计规范(16131)	60.00
12		JTG B03—2006	公路建设项目环境影响评价规范(13373)	40.00
13		JTG B04—2010	公路环境保护设计规范(08473)	28.00
14		JTG B05—2015	公路项目安全性评价规范(12806)	45.00
15		JTG B05-01—2013	公路护栏安全性能评价标准(10992)	30.00
16		JTG/T 2340—2020	公路工程节能规范(16115)	30.00
17		JTG/T 2420—2021	公路工程信息模型应用统一标准(17181)	50.00
18		JTG/T 2421—2021	公路工程设计信息模型应用标准(17179)	80.00
19		JTG/T 2422—2021	公路工程施工信息模型应用标准(17180)	70.00
20		JTG/T 3310—2019	公路工程混凝土结构耐久性设计规范(15635)	50.00
21		JTG/T 6303.1—2017	收费公路移动支付技术规范 第一册 停车移动支付(14380)	20.00
22		JTG B10-01—2014	公路电子不停车收费联网运营和服务规范(11566)	30.00
23	勘测	JTG C10—2007	公路勘测规范(06570)	40.00
24		JTG/T C10—2007	公路勘测细则(06572)	42.00
25		JTG C20—2011	公路工程地质勘察规范(09507)	65.00
26		JTG/T C21-01—2005	公路工程地质遥感勘察规范(0839)	17.00
27		JTG/T C21-02—2014	公路工程卫星图像测绘技术规程(11540)	25.00
28		JTG/T 3222—2020	公路工程物探规程(16831)	60.00
29		JTG C30—2015	公路工程水文勘测设计规范(12063)	70.00
30	设计	公路	JTG D20—2017	公路路线设计规范(14301)	80.00
31			JTG/T D21—2014	公路立体交叉设计细则(11761)	60.00
32			JTG D30—2015	公路路基设计规范(12147)	98.00
33			JTG/T D31—2008	沙漠地区公路设计与施工指南(1206)	32.00
34			JTG/T D31-02—2013	公路软土地基路堤设计与施工技术细则(10449)	40.00
35			JTG/T D31-03—2011	采空区公路设计与施工技术细则(09181)	40.00
36			JTG/T D31-04—2012	多年冻土地区公路设计与施工技术细则(10260)	40.00
37			JTG/T D31-05—2017	黄土地区公路路基设计与施工技术规范(13994)	50.00
38			JTG/T D31-06—2017	季节性冻土地区公路设计与施工技术规范(13981)	45.00
39			JTG/T D32—2012	公路土工合成材料应用技术规范(09908)	50.00
40			JTG/T 3334—2018	公路滑坡防治设计规范(15178)	55.00
41			JTG D40—2011	公路水泥混凝土路面设计规范(09463)	40.00
42			JTG D50—2017	公路沥青路面设计规范(13760)	50.00
43			JTG/T 3350-03—2020	排水沥青路面设计与施工技术规范(16651)	50.00
44			JTG/T D33—2012	公路排水设计规范(10337)	40.00
45		桥隧	JTG D60—2015	公路桥涵设计通用规范(12506)	40.00
46			JTG/T 3360-01—2018	公路桥梁抗风设计规范(15231)	75.00
47			JTG/T 3360-02—2020	公路桥梁抗撞设计规范(16435)	40.00
48			JTG/T 3360-03—2018	公路桥梁景观设计规范(14540)	40.00
49			JTG D61—2005	公路圬工桥涵设计规范(13355)	30.00
50			JTG 3362—2018	公路钢筋混凝土及预应力混凝土桥涵设计规范(14951)	90.00
51			JTG 3363—2019	公路桥涵地基与基础设计规范(16223)	90.00
52			JTG D64—2015	公路钢结构桥梁设计规范(12507)	80.00
53			JTG D64-01—2015	公路钢混组合桥梁设计与施工规范(12682)	45.00
54			JTG/T 3364-02—2019	公路钢桥面铺装设计与施工技术规范(15637)	50.00
55			JTG/T 3365-01—2020	公路斜拉桥设计规范(16365)	50.00
56			JTG/T 3365-02—2020	公路涵洞设计规范(16583)	50.00
57			JTG/T D65-05—2015	公路悬索桥设计规范(12674)	55.00
58			JTG/T D65-06—2015	公路钢管混凝土拱桥设计规范(12514)	40.00
59			JTG 3370.1—2018	公路隧道设计规范 第一册 土建工程(14639)	110.00
60			JTG/T D70—2010	公路隧道设计细则(08478)	66.00
61			JTG D70/2—2014	公路隧道设计规范 第二册 交通工程与附属设施(11543)	50.00
62			JTG/T D70/2-01—2014	公路隧道照明设计细则(11541)	35.00
63			JTG/T D70/2-02—2014	公路隧道通风设计细则(11546)	70.00
64			JTG/T 3374—2020	公路瓦斯隧道设计与施工技术规范(16141)	60.00
65		交通工程	JTG D80—2006	高速公路交通工程及沿线设施设计通用规范(0998)	25.00
66			JTG D81—2017	公路交通安全设施设计规范(14395)	60.00

续上表

序号	类别		编号	书名(书号)	定价(元)
67	设计	交通工程	JTG/T D81—2017	公路交通安全设施设计细则(14396)	90.00
68			JTG/T 3381-02—2020	公路限速标志设计规范(16696)	40.00
69			JTG D82—2009	公路交通标志和标线设置规范(07947)	116.00
70			JTG/T 3383-01—2020	公路通信及电力管道设计规范(16686)	40.00
71		综合	交办公路〔2017〕167号	国家公路网交通标志调整工作技术指南(14379)	80.00
72			交公路发〔2007〕358号	公路工程基本建设项目设计文件编制办法(06746)	26.00
73			交公路发〔2015〕69号	公路工程特殊结构桥梁项目设计文件编制办法(12455)	30.00
74	检测		JTG E20—2011	公路工程沥青及沥青混合料试验规程(09468)	106.00
75			JTG 3420—2020	公路工程水泥及水泥混凝土试验规程(16989)	100.00
76			JTG 3430—2020	公路土工试验规程(16828)	120.00
77			JTG E41—2005	公路工程岩石试验规程(13351)	30.00
78			JTG E42—2005	公路工程集料试验规程(13353)	50.00
79			JTG E50—2006	公路工程土工合成材料试验规程(13398)	40.00
80			JTG E51—2009	公路工程无机结合料稳定材料试验规程(08046)	60.00
81			JTG 3450—2019	公路路基路面现场测试规程(15830)	90.00
82			JTG/T E61—2014	公路路面技术状况自动化检测规程(11830)	25.00
83			JTG/T 3512—2020	公路工程基桩检测技术规程(16482)	60.00
84	施工	公路	JTG/T 3610—2019	公路路基施工技术规范(15769)	80.00
85			JTG/T F20—2015	公路路面基层施工技术细则(12367)	45.00
86			JTG/T F30—2014	公路水泥混凝土路面施工技术细则(11244)	60.00
87			JTG/T F31—2014	公路水泥混凝土路面再生利用技术细则(11360)	30.00
88			JTG F40—2004	公路沥青路面施工技术规范(05328)	50.00
89			JTG/T 5521—2019	公路沥青路面再生技术规范(15839)	60.00
90		桥隧	JTG/T 3650—2020	公路桥涵施工技术规范(16434)	125.00
91			JTG/T 3650-02—2019	特大跨径公路桥梁施工测量规范(15634)	80.00
92			JTG/T 3660—2020	公路隧道施工技术规范(16488)	100.00
93		交通	JTG/T 3671—2021	公路交通安全设施施工技术规范(17000)	50.00
94			JTG/T F72—2011	公路隧道交通工程与附属设施施工技术规范(09509)	35.00
95	质检安全		JTG F80/1—2017	公路工程质量检验评定标准 第一册 土建工程(14472)	90.00
96			JTG 2182—2020	公路工程质量检验评定标准 第二册 机电工程(16987)	60.00
97			JTG G10—2016	公路工程施工监理规范(13275)	40.00
98			JTG F90—2015	公路工程施工安全技术规范(12138)	68.00
99	养护管理		JTG H10—2009	公路养护技术规范(08071)	60.00
100			JTJ 073.1—2001	公路水泥混凝土路面养护技术规范(13658)	20.00
101			JTG H11—2004	公路桥涵养护规范(05025)	40.00
102			JTG H12—2015	公路隧道养护技术规范(12062)	60.00
103			JTG 5142—2019	公路沥青路面养护技术规范(15612)	60.00
104			JTG 5150—2020	公路路基养护技术规范(16596)	40.00
105			JTG/T 5190—2019	农村公路养护技术规范(15430)	30.00
106			JTG 5210—2018	公路技术状况评定标准(15202)	40.00
107			JTG 5220—2020	公路养护工程质量检验评定标准 第一册 土建工程(16795)	80.00
108			JTG 5421—2018	公路沥青路面养护设计规范(15201)	40.00
109			JTG/T H21—2011	公路桥梁技术状况评定标准(09324)	46.00
110			JTG H30—2015	公路养护安全作业规程(12234)	90.00
111			JTG 5610—2020	公路养护预算编制导则(16733)	50.00
112			JTG/T 5612—2020	公路桥梁养护工程预算定额(16855)	50.00
113			JTG/T 5640—2020	农村公路养护预算编制办法(16302)	70.00
114	加固设计与施工		JTG/T J21—2011	公路桥梁承载能力检测评定规程(09480)	20.00
115			JTG/T J21-01—2015	公路桥梁荷载试验规程(12751)	40.00
116			JTG/T J22—2008	公路桥梁加固设计规范(07380)	52.00
117			JTG/T J23—2008	公路桥梁加固施工技术规范(07378)	40.00
118			JTG/T 5440—2018	公路隧道加固技术规范	70.00
119	改扩建		JTG/T L11—2014	高速公路改扩建设计细则(11998)	45.00
120			JTG/T L80—2014	高速公路改扩建交通工程及沿线设施设计细则(11999)	30.00
121	造价		JTG 3810—2017	公路工程建设项目造价文件管理导则(14473)	50.00
122			JTG/T 3811—2020	公路工程施工定额测定与编制规程(16083)	60.00
123			JTG/T 3812—2020	公路工程建设项目造价数据标准(16836)	100.00
124			JTG 3820—2018	公路工程建设项目投资估算编制办法(14362)	60.00
125			JTG/T 3821—2018	公路工程估算指标(14363)	120.00
126			JTG 3830—2018	公路工程建设项目概算预算编制办法(14364)	60.00
127			JTG/T 3831—2018	公路工程概算定额(14365)	270.00
128			JTG/T 3832—2018	公路工程预算定额(14366)	300.00
129			JTG/T 3833—2018	公路工程机械台班费用定额(14367)	50.00
130			JTG/T M72-01—2017	公路隧道养护工程预算定额(14189)	60.00

注:JTG——公路工程行业标准体系;JTG/T——公路工程行业推荐性标准体系。批发业务电话:010-59757973;零售业务电话:010-85285659(北京);网上书店电话:010-59757908;业务咨询电话:010-85285922,85285930。